독서치료연구시리즈 4

성인아이 문제와 독서치료

김경숙 지음
김정근 기획·감수

KB202137

한울
아카데미

국립중앙도서관 출판시도서목록(CIP)

성인아이 문제와 독서치료 / 김경숙 지음. -- 파주 : 한울, 2004
    p. ;   cm. -- (독서치료연구시리즈 ; 4)(한울아카데미 ; 632)
기획·감수: 김정근
참고문헌수록

ISBN 89-460-3229-4 93020
ISBN 89-460-3231-6(세트)

029.8-KDC4
028-DDC21   CIP2004000537

기획·감수자의 말

육신의 아픈 기억은 쉽게 지워진다

그러나 마음의 상처는 덧나기 일쑤이다

떠났다가도 돌아와서 깊은 밤 나를 쳐다보곤 한다

- 박경리의 시 「한」 중에서

　『독서치료연구시리즈』에 포함된 각 연구는 개인 연구자의 개성 있는 학문적 노력의 소산이다. 한편 그것은 여러 사람의 공동의 체험과 연구 경험을 기반으로 하여 생산된 결과이기도 하다. 좀더 구체적으로 말하면 각 연구는 2000년 이래 부산대학교 대학원 문헌정보학과를 중심으로 일고 있는 독서치료(bibliotherapy)에 대한 관심의 열기 속에서 태어난 것이다.

　부산대학교에서는 지난 몇 년 동안 독서치료 관련 강의가 매년 이루어져왔다. 이와는 별도로 책·정·연(책읽기를 통한 정신치료 연구실)의 정신분석학 읽기 모임도 계속되었다. 독서치료 관련 모임은 다른 모임에 비해 특징이 있었다. 우선 열기가 대단했다. 참여자들은 관련 문헌과 접촉이 이루어지면 금방 어떤 비전을 보는 것이었다. 그것은 개인적인 것이기도 하고 직업적인 것이기도 했다. "이거다", "바로 이거야" 등의 표현이 참여자들의 입에서 터져나오기도 했다. 개인적인 몰입의 현상도 두드러졌다. 책 속으로 깊이 빠져드는 것이 눈에 보였다. 시간이 지나면서 참여자 자신과, 다른 사람을 보는 눈이 달라졌다는 증언이 많이 나왔다. 그들은 '마음이 가벼워졌다'고도 했다. 나중에는 거의 모든 사람이 마음 아픔과 상처가 완화되고 치유되는 경험을 했다고 고백하기에 이르렀다. 다른 학술 모임에서는 여간해서 보기 어려운 일이었다. 또 다른 특징이라면, 공유에 대한 열망이었다. 참여자들은 이구동성으로 자신들이 겪은 의미 있는 경험을 다른 사람에게 전하고 싶어했다. 모임에서 접하게 된 책을 사서 친구나 친지에게 보내는 것을 많이 보게 된 것도 같은 관련이었을 것이다. 참여자들은 이와 같은 느낌과 바람의 연장선상에서 마침내 도서관 서비스로서의 독서치료에 대한 생각을 굳혀가게 되었다. 이 정도의 내용이라면 도서관 현장에 적용해볼 만하다는 확신이 들었던 것이다. 이 시리즈에 포함된 각 연구는 이와 같은 전후의 연관 속에서 구상되고 추진되었던 것이다.

각 연구의 수준을 장담하거나 자랑하고 싶지는 않다. 연구에 투자된 시간과 노력도 그다지 많다고 할 수 없다. 사실 단행본으로 꾸미는 데는 기획·감수자나 연구자 모두에게 두려움과 망설임이 있었다. 그럼에도 불구하고 감히 시도해보기로 한 데는 나름의 이유가 있었다. 우선 느낌과 생각을 공유하고 싶었다. 연구의 완성도는 떨어지지만 우리가 보는 비전을 학계와 도서관계 앞에 내어놓고 검토를 받아보고 싶기도 했다. 전문가에 의한 본격적인 연구물이 그다지 많지 않은 현실에서 앞으로 그런 날이 올 때까지, 또 그런 때를 기다리면서, 어떤 중간자의 역할을 할 수는 있지 않겠는가 하는 데로 생각이 미치기도 하였다. 말하자면 과도기의 틈새를 채우는 정도의 역할을 감당하는 것도 의미가 있지 않겠느냐는 쪽으로 정리가 되기도 하였다.

우리는 겸손한 자세로 이 시리즈를 세상에 내놓는다. 우리는 앞으로 지속적으로 수준 향상을 위해 노력할 것이다. 또한 후속 연구를 해나갈 것이다. 다른 곳의 연구자들도 관심을 가지고 이 분야의 발전을 위한 노력에 동참해주기를 바란다. 우리는 독서치료연구가 궁극적으로 사서직의 전문성 확보와 서비스 영역의 확장이라고 하는 대의에 맞닿아 있다고 믿는다. 잘만 하면 크게 기여할 수 있다는 생각을 가지고 있다.

지금까지 독서치료와 관련한 학과 내의 움직임을 지켜보아주고 격려해준 부산대학교 문헌정보학과의 여러 교수님들께 감사를 드린다. 모임의 참여자들과 이 출판기획의 참여자들에게도 치하의 말을 전하고 싶다. 출판을 위해 수고해준 분들께도 고맙다는 인사를 보낸다.

2003년 12월

김정근

지은이의 말

일상생활에서 나는 직업상 또는 개인적 관심으로 늘 책에 눈과 귀를 열어두고 책이 주는 즐거움을 누리고 살면서도, 책의 치유하는 힘에 대해서는 별로 생각하지 못했었다. 그러던 나 자신이 이 분야에 관심을 가지게 된 계기는 대학원에서 독서치료 관련 수업을 받으면서 독서치료 세계를 체험하고부터였다. 신문지상이나 방송매체를 통하여 마음이 아픈 사람들의 이야기를 익히 알고는 있었지만 책에서 만나는 사람들의 이야기는 마음속의 울림과 깊이를 더했다. 적절하게 선택한 책을 읽으면서 타인의 삶에 들어가보고 나 자신을 비추어볼 수 있었고 새롭게 열린 그 세계에서 의식이 확장되고 변화되는 것을 느꼈다. 책 속에서 나는 자신을 긍정하고 자아를 단련시키는 법을 자연스럽게 터득할 수 있었을 뿐만 아니라, 마음 깊은 곳에 치유되지 못한 채 자리잡고 있었던 마음의 상처나 짐에서 훨씬 더 자유로워질 수 있었다.

나는 독서치료의 세계에 들어서면서 줄곧 우리 글로 된 우리 상황에 맞는 독서치료 관련 책들이 단행본으로 출간되어 독서치료에 대한 일반인들의 인식을 넓히기를 바랐다. 또한 많은 사람들이 마음을 어루만지는 책을 통해서 자신이 겪고 있는 정서적 장애나 마음의 상처를 치유할 수 있었으면 하는 바람도 가지고 있었다. 서툴지만 『독서치료연구시리즈』 출간에 참여하게 된 것은 독서에 이런 '치료적' 세계가 있음을 널리 알리고 심리적 갈등이나 갖가지 정서적 장애에 시달리고 있는 사람들에게 실질적인 도움을 주고 싶어서였다.

이 책에서 다루는 '성인아이(adult child)'는 어린 시절의 극복되지 못한 내재과거아(inner child of the past)를 가진 사람들로 역기능가정(dysfunctional family)에서 성장한 사람을 말한다. 어린 시절의 발달과업을 적절히 풀어버리지 못한 사람은 내면에 성장하지 못한 아이를 가지게 되므로 많은 사람들이 정도의 차이가 있을 뿐 성인아이적인 요소를 가지고 있다. 이 책에서는 성인아이 문제와 독서치료를 어떻게 연결시킬 것인지를 고민하고 실제로 도움을 줄 수 있는 책들을 소개하였다. 많은 사람들이 이러한 목록의 도움을 받아 개인적 갈등이나 마음의 상처를 극복하고 치유하는 기쁨을 찾기 바란다.

학부 시절부터 한결같은 사랑과 관심을 보여주시고 이 글이 세상에 나올 때까지 세부적인 부분까지 꼼꼼하게 검토하고 지도해주신 김정근, 최정태 두 분 교수님께 감사를 드린다. 특히 김정근 교수님께서는 안식년 기간에 독서치료라는 새로운 영역을 발견하시고 열정적으로 이 분야에 대한 연구와 강의를 통하여 문헌정보학계에 새로운 화두를 던져주고 계시며, 이 책을 손수 기획·감수해주셨다. 거듭 감사를 드린다. 그리고 항상 버팀목이 되어주는 남편과 가족에게 사랑과 감사를 드린다.

부족한 글의 출판을 허락해주신 출판사 관계자 여러분께 감사드리며, 이 책이 우리나라 독서치료의 발전에 밑거름이 될 수 있기를 바란다.

2003년 12월
김경숙

차례

1
독서치료의 장을 열며

1. 문제제기

사회생활에서 우리는 상식적으로 이해하기 힘든 사람, 개성이라고 인정하고 넘어가기에는 너무나 지나친 병적인 문제성을 가진 사람을 만나게 된다. 또 그런 문제들로 뭉쳐진 사람이 아니라고 할지라도 인간은 누구나 그 내면에 비정상적인 범주에 넣을 수 있는 성향들을 조금씩은 가지고 있다.

인간의 행동방식은 다양해서 어떤 행동이 정상이고, 비정상인지 구분하는 것이 쉬운 일은 아니지만 전통적으로 심리학자들은 주변 환경에 적절히 적용하고 대처할 수 있는 능력을 중요한 판단기준으로 삼아왔다. 정상적이고 건강한 사람은 일반적으로 다음과 같은 심리적 특성을 지닌다. 첫째, 자신이 처한 주변 현실을 정확히 파악하고 인식할 수 있다. 둘째, 자신의 능력과 심리적 상태를 스스로 자각하고 인식할 수 있다. 셋째, 자신의 행동을 스스로 조절하고 통제할 수 있다. 넷째, 있는 그대로의 자기 자신을 수용하여 존중한다. 다섯째, 다른 사람과 원만한 인간관계를 이룰 수 있다. 여섯째, 자신의 능력을 생산적이고 효율적으로 발휘할 수 있다.[1]

위의 범주에 속하지 않는 사람들은 일단 비정상인이라고 간주할 수 있다. 이러한 사람들의 이상행동은 작게는 주변 사람에게 불편과 불쾌감을 주는 정도이지만 그 이상행동의 정도가 커질 경우에 본인과 사회에 엄청난 고통과 파괴력을 주게 된다.

2003년 2월 18일, 전세계에 유례가 없는, 한 사람의 반사회적 행동으로 온 국민을 비탄에 빠지게 한 사건이 발생했다.[2] 뇌경색으로 인한 지체장애자가 지하철 객차 내에

---

[1] 원호택·권석만, 『이상심리학총론』, 학지사, 2000, 22쪽.
[2] "대구 지하철 방화로 150여 명 사상(死傷)," ≪조선일보≫, 2003년 2월 18일. 대구 지하철에서 방화로 보이는 불이 나 승객 150여 명이 죽거나 다치는 큰 사고가 발생했다. 18일 오전 9시 55분쯤 대구시

방화를 해서 수백 명의 인명피해와 타인에게 엄청난 물적·정신적 피해를 입힌 사건이 그것이다. 신병으로 인한 우울증 증세를 보이기도 했던 그는 몸과 마음이 건강하지 못한 상태에서 "혼자 죽기가 싫어서" 그처럼 끔찍하고 비정상적인 일을 저질렀던 것이다.[3) 최근의 그 사건 외에 존·비속 살인, 학교 내 폭력, 집단따돌림, 알코올 중독으로 인한 가정폭력, 아동학대, 불특정다수를 향한 비상식적 파괴, 폭력

중구 지하철 1호선 중앙로역을 지나던 전동차 안에서 40대 남자가 불 붙은 기름통을 던지면서 화재가 발생했다. 순식간에 타오른 불은 지하철 내부를 태웠고, 옮겨 붙은 불과 이로 인한 연기로 열차에 있던 승객들이 화상을 입거나 질식하는 피해를 입었다.

3) "범인, 신병비관…… '죽고 싶다' 입버릇," ≪조선일보≫, 2003년 2월 18일. 200여 명의 사상자를 낸 대구 지하철 전동차 방화 대참사는 뇌졸중 등으로 일자리를 잃은 뒤 세상을 비관한 한 50대 장애인의 어처구니없는 앙심에서 비롯된 것으로 드러나 충격을 주고 있다. 범인 김대한(金大漢·57) 씨는 범행 2시간 후 대구 조광병원에서 태연히 치료를 받던 중 목격자의 제보로 경찰에 체포됐다. 김씨는 중풍에 걸린 직후 다시 실어증(失語症), 우측 반신 마비, 뇌경색 등 각종 질환에 걸려 '뇌병변 장애2급'의 장애인으로 해당 동사무소에 등록됐다. 김씨는 중풍에 걸리기 이전인 1999년에는 대구 시내의 한 신경외과에서 '지속성 통풍 장해' 판정을 받기도 했으며 작년 8월에는 우울증으로 정신과 치료를 받기도 했다. 사건 발생 직후 대구 중부경찰서로 달려온 김씨의 아들(27·기계설비회사원)은 "아버지가 심한 우울증으로 자포자기하는 언동을 자주 보여왔고 정상적인 판단능력이 없었다"며 "남의 말도 잘 알아듣지 못했다"고 말했다. 아들 김씨는 또 "아버지가 뇌졸중에 걸린 후 완치되지 못한 것을 병원 의사의 잘못이라고 말해왔다"며 "TV에서 가끔 지하철 사고가 난 장면을 보면, 아버지가 '나도 지하철에서 뛰어내려 죽고 싶다'는 말을 해왔다"고 말했다.

행위 등의 정상적인 사람들이 납득하기 어려운 이상행동이
나 일탈행동 또는 범죄를 우리 주변에서 혹은 신문지상에
서 자주 목격하게 된다.

복잡한 현대사회에서 한정된 재화나 우월한 가치를 획
득하려면 자연스럽게 경쟁이 생기게 되고 그 질주하는 무
한궤도에 들어서지 못한 사람들은 마음의 생채기를 얻게
되고 튼튼한 자아와 자기존중감을 갖지 못한 사람들은 그
런 상처를 치유하지 못한 채 성격장애4)나 정신장애5)로 치

---

4) 성격장애(personality disorder)는 성격적 특이성으로 인해 사회적 기
대와 괴리된 행동을 지속적으로 나타내게 되는 부적응적 행동양상을
말하며 미국정신의학회에서 독자적으로 제작한 DSM-IV(정신장애 진
단 및 통계편람, Diagnostic and Statistical Manual of Mental
Disorders, 4th ed., 1994)에서는 성격장애를 열 가지로 분류하고 세
군집으로 나누었다.
· A군 성격장애: 편집성 성격장애, 분열성 성격장애, 분열형 성격장애.
· B군 성격장애: 반사회성 성격장애, 연극성 성격장애, 경계선 성격장
애, 자기애성 성격장애.
· C군 성격장애: 회피성 성격장애, 의존성 성격장애, 강박성 성격장애.
5) 정신기능에 장애가 온 상태를 총칭한 것인데, 그 범위에는 넓은 뜻
과 좁은 뜻의 정신질환이 있다. 정신위생법에서는 정신병자(중독성
정신병자를 포함)와 정신박약자 및 정신병질자를 정신장애자로 하고
비정신병 정신장애는 포함되지 않고 있다(자료: 두산세계대백과).
DSM-IV에서 정신장애들은 개인에게 발생되고 있는 임상적으로 중
요한 행동적·심리적 증후군이나 양상으로서, 이러한 증후군이나 양
상은 현재의 고통(예: 고통스런 증상)이나 무능력(예: 한 가지 이상의
중요한 기능 영역의 손상)을 동반하거나, 고통스런 죽음이나 통증,
또는 자유의 상실의 위험을 증가시키게 된다. 그리고 이러한 증상이
나 양상의 원인이 무엇이든지간에 현재 개인에게 행동적·심리적, 또

닫게 된다. 그리고 어린 시절의 극복되지 못한 아픔을 가지고 있는 사람들, 절대적 빈곤과 질병 속에 놓여 있는 사람들, 외면적으로는 성공한 삶을 살고 있는 사람들 역시도 여러 가지 마음의 상처로 인하여 고통을 받곤 한다.

문제는 성격장애나 정신장애가 극소수에게 해당되는 것이 아니라 일생을 통해 국민 3명 중 1명 가까이가 니코틴·알코올 중독을 포함한 각종 정신질환으로 고통을 받고 있다는 보고6)가 있을 만큼 위험수위에 올라 있다는 점이다.

는 생물적 기능 장애가 나타나고 있어야 한다. 일탈된 행동(예: 정치적, 종교적, 또는 성적)이나 갈등(주로 개인과 사회 간에 일어나는)이 개인에게 기능 장애의 증상을 초래하고 있지 않다면, 그 어느 것도 정신장애라고 정의되지 않는다. 미국정신의학회, 『정신장애 진단 및 통계편람』(이근후 옮김), 하나의학사, 1995, xxv쪽.

6) "국민 3명 중 1명 정신질환 경험," ≪조선일보≫, 2002년 2월 1일. 이 중 정신질환으로 분류될 정도의 니코틴 중독은 10명 중 1명, 알코올 중독은 6명 중 1명꼴이다. 1일 보건복지부가 국립서울정신병원 등에 의뢰해 실시한 '정신질환실태 역학조사' 결과에 따르면 우리 국민의 정신질환 평생유병률(평생 한 번 이상 이환되는 비율)은 31.4%이고, 성별로는 남성(38.7%)이 여성(23.9%)의 1.6배였다. 이는 국민 100명 중 31명 정도가 일생에 걸쳐 한 번 이상 어떤 형태로든 정신질환에 걸린다는 의미다. 그러나 니코틴과 알코올 중독을 제외하면 평생유병률은 13.2%(남 7.1%, 여 19.4%)로 떨어졌다. 유형별로 니코틴 중독(의존 또는 금단)은 10.2%(남 18.5%, 여 1.6%), 알코올 중독(의존 또는 남용)은 16.3%(남 25.8%, 여 6.6%)로 평생유병률이 다른 정신질환에 비해 훨씬 높았다. 그밖에는 ▲우울증 등 기분장애 4.8%(남 2.3%, 여 7.5%) ▲공황장애 등 불안장애 9.1%(남 4.8%, 여 13.5%) ▲건강염려증 등 신체형장애 1%(남 0.4%, 여 1.7%) ▲정신분열증 등 정신병적 장애 1.1%(남 0.8%, 여 1.4%) ▲

개인주의가 더욱 팽배해지고 있는 21세기의 첨단문명 사회
에서는 정신이 황폐하거나 마음의 상처를 가지고 살아가는
사람들은 고립감과 공허감을 더 느낄 수밖에 없다. 그들을
그냥 그렇게 방치해두어도 좋을 것인가?

2. 왜 독서치료인가

　상한 마음을 치유하기 위해서는 먼저 마음의 상처가 어
디에서 오는지 살펴볼 필요가 있다. 마음의 상처와 정신의

신경성 대식증 등 섭식장애 0.07%의 평생유병률을 보였다. 주요 정
신질환의 1년(조사시점 기준 과거 1년) 유병률도 19.3%(남 22.7%,
여 15.7%)로 상당히 높게 나타났다. 그러나 니코틴과 알코올 중독을
모두 빼면 8.9%(남 4.2%, 여 13.3%), 니코틴 중독만 빼면 14.8%(남
14.6%, 여 15.1%)로 유병률이 낮아졌다. 이같은 유병률을 감안할 때
지난 1년간 정신질환을 경험한 국민은 니코틴 중독 239만 명, 알코
올 중독 143만 명, 기타 정신질환 282만 명 등 모두 664만 명 정도
로 추정된다고 복지부는 밝혔다. 이같은 정신질환으로 알코올 장애
환자는 한 달에 1.86일, 불안장애 환자는 3.29일, 우울장애 환자는
5.92일 정도 일상생활에 지장을 받고 있었으나, 지난 1년간 전문적
치료를 받은 경우는 알코올 장애 5%, 니코틴 장애 4.4%, 우울장애
26.9%, 불안장애 12.3% 등 평균 8.7%에 불과했다. 복지부 용역으로
실시된 이번 조사에는 국립서울정신병원, 서울의대 정신과학교실 등
전국 10개 권역의 의과대학 7곳과 국립·시립 정신병원 3곳이 참여
했으며, 조사대상은 이들 10개 권역에 거주하는 만 18세 이상 64세
이하 6,114명(남 2,685명, 여 3,429명), 조사기간은 지난해 3월 29일
부터 12월 29일까지였다고 복지부는 설명했다.

황폐는 어느날 갑자기 찾아온 감기와 같은 가벼운 신체적 질병과는 다르다. 거기에는 단 하나의 이유로 단정할 수 없는 복잡한 원인이 존재하기도 한다. 그 원인은 심리치료나 명상 등 자기 자신의 의지와 노력으로 진단하고 치유할 수 있는 것이 있는가 하면 한 개인의 마음속 깊숙한 곳에 켜켜이 쌓여 쉽게 걷혀지지 않는 고질적인 상처로 한 사람의 영혼을 평생 지배하는 것일 수도 있다.

정서적 장애나 성격장애를 가지고 있는 사람들의 그 원인을 분석해보면 그 뿌리에는 '가정'이 존재한다. 나는 전쟁이나 이데올로기의 갈등 같은 한 특수한 사회나 시대에서 생기는 아픔보다는 한 개인의 출생에서 새로운 사회로 나가기 전까지의 총체적인 경험이 이루어지는 가정에서 생기는 아픔에 주목하고자 한다.

그렇다면 '가정'이란 무엇이며 가정은 어떤 기능을 수행하여야 하는가? 가정은 재생산 및 종족보존, 성적 표현 및 통제, 교육 및 사회화 등 다양한 기능을 수행한다. 이러한 기능을 잘하는 가정을 순기능가정이라 하고 이러한 기능이 비정상적으로 이루어지는 가정을 역기능가정이라 한다. 역기능가정은 식구들의 욕구가 충족되지 않는 가정이다. 가정을 연구하는 이들은 이러한 역기능적 가정에서 자

19

라난 사람을 '성인아이(adult child)'라고 부른다.[7]

미실다인(W. Hugh Missildine)은 어린 시절의 극복되지 못한 '내재과거아(inner child of the past)'[8]는 성인이 되어서도 그대로 이어진다고 한다. 타인과 더불어 사는 사회에서 상식적으로 이해하기 어려운 행동이나 태도를 가지고 있는 사람에게는 성인이 되어서도 외면과 함께 바람직하게 성숙되지 못한 '내면의 아이'가 있다는 것이다.

정신과 의사, 심리치료사 등 정신보건 관련 전문인들이 성인아이의 정신건강을 위해서 애쓰고 있지만 그것만으로는 부족하다. 정신건강에 관여하고 있는 전문가들을 일반인들이 쉽게 접하기 어려울 뿐만 아니라 그런 전문가들의 도움을 받고 있다는 사실을 공개하기 꺼려할 수밖에 없는 미성숙한 사회적 분위기 그리고 경제적인 부담감에서도 자유로울 수 없기 때문이다.

그리고 정서적 장애나 성격장애를 가지고 있으며 때때로 비정상적 행동을 하기도 하는 성인아이들은 그 자신이 어떤 문제를 가지고 있으며 그 원인이 무엇인지에 대해서 모르고 살아가는 경우가 많다. 또 자신에 대한 실망이나 타

---

7) 정동섭, 『당신의 가정도 치유될 수 있다』, 하나의학사, 1994, 239쪽.
8) 미실다인이 1963년 발표한 저서 *Your inner child of the past*에서 사용.

인에 대한 죄책감을 가지고는 있으나 해결되지 않는 골칫거리나 극복되지 않는 성격 탓으로만 돌리고 자신과 그 가족, 그리고 주변 사람에게 심각한 상처를 주면서 살아가곤 한다.

이 연구는 '그렇다면 책을 비롯한 다양한 매체를 가지고 이용자에게 서비스하는 도서관과 사서가, 현대인들이 짊어지고 있는 많은 마음의 상처와 정서적 장애, 성격장애를 치유하는 데 어떤 도움을 줄 수 있을까' 하는 물음에서 시작되었다. 특히 '성인아이'는 우리에게는 친숙한 용어가 아니지만 내적 치유에 대한 연구와 간행물이 활발한 서구 사회에서는 일반적으로 많이 사용하는 용어이다. 역기능가정에서 자란 사람뿐만 아니라 대부분의 사람들에게도 정도의 차이는 있겠지만 성인아이의 모습을 여러 곳에서 찾아볼 수 있다.

이 연구를 시작하게 된 좀더 구체적이고 직접적인 동기를 밝히자면, 한 학기 동안 신중하게 선정한 책을 읽고 토론하는 독서치료 관련 대학원 수업 과정에서 참여자 대부분이 저마다 가지고 있는 상처가 완화되고 정화되는 느낌을 가질 수 있었다는 사실이다.[9] 우리는 학대받는 아이들,[10] 비정상적인 가정에서 자라나 심한 우울증과 낮은 자기존중감을 가진 대학생,[9] 가부장적인 사회에서 차별 받고 존중받지 못하는 여성들,[12] 입시공부에 찌든 우리 청소년들의 삶[13] 속에서, 또한 임상적인 글[14]에서 마음의 상처를 진단할 수 있었다. 그리고 책과 영상물[15]을 통해서 상처받은 사람들의 삶을 간접체험함으로써 어떤 문제에 대한 통찰력뿐만 아니라 우리들의 아픔까지 치유할 수 있다는 확신을 얻을 수 있었다. 책이 치유력이 있음을 체험한 것이다.

그 과정에서 오래도록 가슴에 남아 있는 단어가 '성인아이'였다. 나는 책을 통해 느꼈던 개인적 치유와 감정 정화의 기쁨에 머무르지 않고 '독서치료'의 필요성과 효과를 알리고 그에 대한 연구와 적용이 활발히 이루어져서 마음이 아픈 사람들의 치유를 위해 도서관의 사서가 주체적으로 기

---

9) 2001년도 2학기 부산대학교 교육대학원에서의 경험. 강의는 김정근 교수 담당이었다.

10) 이호철,『학대 받는 아이들』, 보리, 2001.

11) 이훈구,『미안하다고 말하기가 그렇게 어려웠나요』, 이야기, 2001.

12) 알리스 슈바르처,『아주 작은 차이』(김재희 옮김), 이프, 2001.

13) 김혜련,『학교 종이 땡땡땡』, 미래 M&B, 1999.

14) M. 스콧 펙,『거짓의 사람들』(윤종석 옮김), 두란노, 1999; M. 스콧 펙,『아직도 가야 할 길』(신승철·이종만 옮김), 열음사, 2002.

15) <길모퉁이>(창사 40주년 MBC 특별기획 드라마, 2001년 3월 16일), <돌로레스 클레이본>(1994년 스티븐 킹의 원작을 바탕으로 제작된 미국 영화), "명문대생 그는 왜 부모를 살해했나"(KBS 2 <추적 60분>, 2000년 7월 23일).

여할 수 있어야 한다는 책임감을 강하게 느꼈다.

성인아이의 치유를 위해서 전문상담뿐만 아니라 음악치료, 미술치료, 가족치료, 집단상담치료 등의 시도와 노력들이 활발한 편이나 독서치료에 대한 연구와 적용은 그에 비해 미약한 편이다. 다행스럽게도 문헌을 찾는 가운데 성인아이가 독서치료와 상담을 통해 치유되는 기쁨을 누린 사례를 발견할 수 있었다. 독서가 단순히 지식이나 교양을 넓히는 수단을 넘어서 오래도록 한 사람을 속박시켰던 성인아이의 분노와 폭력에서 해방시키고 변화시키는 치료법(therapy)으로 사용될 수 있음을 실제 사례를 통하여 확인할 수 있었다.

독서치료(bibliotherapy)는 '독서요법', 또는 '독서치유'로도 쓰인다.16) 독서치료가 무엇인지 가장 단순하게 정의를 내린다면 책을 읽음으로써 치료가 되고 도움을 받는다는 것이다.17) 자신의 마음의 상처와 정서적 장애, 적응장애들

---

16) 『국어대사전』, 민중서관, 2000에서 '요법'은 '병을 치료하는 방법'으로, '치료'는 '병을 다스리기 위하여 하는 의학적 처리'로, '치유'는 '의사의 치료로 병이 나음'으로 정의하고 있다. 'bibliotherapy'의 한국어 번역으로 '독서요법', '독서치료', '독서치유'라는 표현이 혼용되고 있으나 이 연구에서는 '독서치료'라는 용어로 통일하였다.

17) 한국어린이문학교육학회 독서치료 연구회 편, 『독서치료』, 학지사, 2001, 17쪽.

이 어디에서 기인하는지에 대한 의문과 치유받고자 하는 적극적인 노력과 의지를 가지고 독서에 임할 때 독서치료는 이루어질 수 있다.

여기에서 나는 우리 주변에서 흔히 접할 수 있는 성인아이에 대해서 먼저 살펴보고, 그런 인식을 바탕으로 성인아이를 치유하기 위한 독서치료 연구를 통해 도서관이 실제로 독서치료를 활발하게 적용할 수 있도록 방안을 모색하고자 한다.

3. 무엇을 말하는가

제2장에서는 이미 외형적으로는 성인의 모습을 갖추고 있지만 사고나 행동에 있어서 내재과거아를 버리지 못하고 갖가지 정서적 장애와 적응장애를 가지고 있는 성인아이에 대해서 살펴본다.

먼저 성인아이의 정의와 특징에 대해서 살펴보고 그런 성인아이를 양산하는 요인인 역기능가정에 초점을 맞추고 성인아이에게서 나타나는 왜곡된 모습의 정서적 장애와 마음의 상처를 사례를 통해서 살펴볼 것이다.

제3장에서는 과거의 손상된 자아를 해결하지 못한 채 정서장애를 겪고 있는 성인아이 문제를 치료하기 위한 방법으로 일반적으로 채택되고 있지 않지만 성인아이를 치유하는 데 효과적인 독서치료에 대하여 살펴본다. 먼저 독서치료의 정의에 이어 독서치료의 역사, 독서치료의 목적과 가치, 독서치료의 원리와 같은 독서치료에 대한 이론적 배경을 살펴보고, 성인아이의 진단과 치유를 위한 독서목록을 해제와 더불어 제시할 것이다.

제4장에서는 독서치료의 적용과 도서관의 독서치료 프로그램에 대해서 고찰한다. 독서치료의 적용에 대해서 개인독서치료와 그룹독서치료를 구분하여 설명하였으며 독서치료 프로그램을 위하여 독서치료를 위한 자료 개발과 사서의 자질과 훈련의 측면에서 살펴본다. 사서가 주체가 되는 독서치료를 위해서는 독서의 치유력에 대한 확실한 마인드를 가지고 있는 자질 있는 사서의 훈련이 선행되어야 한다. 그리고 독서치료의 도구가 되는 자료의 선정에 있어서 어떤 일정한 원칙을 가지고 상황별로 다양한 매체의 자료를 지속적으로 개발하는 것이 중요하다.

제5장에서는 독서치료를 활성화할 수 있는 방안에 대하여 살펴본다.

마지막으로 제6장에서는 이 글에 대한 마무리 부분으로 연구를 수행한 전체 과정에 대한 나의 느낌을 피력한다. 또한 앞의 글을 요약하고 도서관과 사서가 주체적으로 독서치료를 활성화할 수 있는 방안에 대해서 간략하게 정리하고 제언한다.

4. 어떻게 접근할 것인가

한 개인이 마음의 상처나 정서적 장애를 갖게 되는 데에는 시대적 문제, 사회적 문제, 가정적 문제 등 그 원인이 다양하겠지만 그 중에서 가장 기본적인 사회단위이며 한 사람의 전 생애에 걸쳐 가장 큰 영향을 미치고 있는 가정의 문제에 초점을 맞추어 이 연구를 진행할 것이다.

『사람만들기』의 저자 사티어(Virginia Satir)는 가정은 '사람을 만드는 공장'이라고 하였다. 순기능가정에서 자존감이 높은 건강한 아이가 나오고, 문제가정에서 문제아가 나온다는 뜻이다. 일반적으로 문제가정을 불행한 가정, 병든 가정, 결손 가정, 비정상적 가정 등으로 부르지만 가족상담과 치료를 전문으로 하는 학자들은 가정을 설명하고 기술하는 데, 정상적·비정상적이라는 말 대신에 순기능적(functional), 역기능적(dysfunctional)이라는 표현을 사용하기 좋아한다.[18)

이 글에서는 역기능가정에서 자란 성인아이가 각종 정서적 장애를 가지고 있는 것에 주목하고 성인아이를 치유하기 위한 독서치료에 대해서 고찰한다. 이제까지 실험연구를 통해 독서치료의 유용성을 밝히는 연구는 충분히 이루어져왔으므로 문헌연구와 독서치유를 경험한 사람들의 사례를 통하여 정신건강의 심각성을 짚어보고, 성인아이 문제를 독서치료와 관련시켜 살펴볼 것이다.

기존의 실험연구에 대한 선행자료와 독서치료에 임한 경험, 사례를 통하여 이 연구를 진행할 것이므로 독서치료의 결과를 수치화·정량화할 수 없음이 이 글의 제한점이다.

---

18) 정동섭, 『어떻게 사람을 변화시킬 수 있는가』, 요단출판사, 2000, 90-91쪽.

2
성인아이에 대한 이해

1. 성인아이의 정의

'성인아이(adult child)'의 개념은 우리에게는 생소한 개념이지만 '내적 치유'에 관심이 많은 서구사회에서는 생소한 개념이 아니다. 이 단어의 뜻은 '성인'과 '아이'를 단순히 나열한 복합어가 아니고, 신체적으로는 이미 성인이 되었으나 정신적인 측면에서는 성장하지 못하고 그대로 과거에 머물고 있는 사람[19]을 지칭한다.

일반적으로 가족상담 및 치료를 전문으로 하는 심리학자들은 역기능[20]가정에서 자라난 모든 사람들을 성인아이

---

19) 강경호, 『역기능가정의 성인아이와 상담』, 한사랑가족상담연구소, 2002, 86쪽.

라고 부른다. 즉 성인아이란 역기능가정에서 자라난 사람들로, 이들은 가정에서 가족들간의 상호 작용을 통해서 자아정체성을 형성하는 데 어려움을 겪을 가능성이 높고 어린 시절 가정에서 위로 받거나 충족 받지 못한 결과, 성인이지만 여전히 유년의 감정과 행동을 보일 수 있다.[21]

미실다인은 위로받지 못하고 자라난 내재과거아는 성인이 되어서도 그대로 존재한다는 이론을 제시하고 있다.

> 지난날의 어린 시절은 그 시절의 모든 감정이나 태도와 더불어 우리의 삶이 끝나는 그 날까지 실질적으로 우리를 따라다닌다.

이것이 성인아이가 의미하는 것 중의 하나이다. 그의 감정과 행동 중 많은 부분이 유년기의 흔적을 나타낸다. 우리의 기억이나 잠재의식 속에는 과거의 사건에 반응하여

---

20) 역기능이라는 상황은 부모의 부재와 같은 가족구조의 결손으로 인해 불가피하게 성인역할을 부여 받은 상황과, 부모는 있으되 실제적인 부모로서의 기능을 손상당한 기능적 결손상태에서 자녀가 부모를 돌보거나 성인의 역할을 해야 하는 상황 모두를 포함한다. 박현선·이상균, 「알코올 중독자 가정 청소년 자녀의 성인아이 성향과 심리사회적 문제」, 《한국사회복지학》, 통권 제46호(2001. 가을호), 122쪽.
21) 박현선·이상균, 앞의 글, 2001, 122쪽.

이루어진 정서적 찌꺼기가 남아 있다. 그것을 파생시켰던 사건은 끝났지만 우리는 여전히 그 반작용을 느끼고 있다.[22]

또 미실다인은 감정의 발달은 그 특성상 어린 시절의 감정을 묻어버리고서는 불가능하게 되어 있다고 하였다. 어린 시절은 어른의 세계에서도 그대로 남아 '지속된다'는 표현보다 '번창한다'는 표현이 적합하다고 한다.

> 이러한 내재과거아는 아무렇게나 나자빠지고, 소리지르고, 언쟁을 벌이는 - 그리하여 자기가 좋아하는 활동에는 거리낌없이 뛰어들고, 자기가 좋아하지 않는 것들은 물리치려고 꾸물거리거나 속이거나 짓뭉개버리며, 다른 이들의 생활에 혼란을 가져오거나 그 생활을 망쳐놓는- 존재이기 때문이며 혹은 그러한 소아적 태도가 당신의 성격의 일면인 두려워함·소심함·의기소침 등으로 나타날 수도 있기 때문이다.[23]

한 사람의 성장 과정에서 그 전 발달단계는 그 다음의 발달단계와 단절되는 것이 아니라 연장선상에 있다. 신체적으로 외형적으로 모습은 변하지만 그 내면에는 지난 날의 감정과 어린 시절의 기억이 우리의 의지와 무관하게 우

---

22) 정동섭, 앞의 책, 2000, 98-99쪽.
23) W. 휴 미실다인, 『원만한 정서생활을 가로막는 몸에 밴 어린 시절』(이종범·이석규 옮김), 가톨릭출판사, 2000, 16-17쪽.

리 속에 머무르고 있으면서 성인이 되어서의 모든 행동과 정서적 표현에 관여하게 된다는 것이다. 또 내재과거아는 어른이 되어서도 음식, 가정생활, 종교, 교육, 금전 문제 등의 모든 생활에 있어서 그의 부모의 태도뿐만 아니라 그의 부모가 그에 대해서 취했던 태도까지도 그대로 답습하면서 자신에게 부모노릇을 하게 된다고 미실다인은 이야기한다.

슬레지(Tim Sledge)는 성인아이의 정의에 대하여 두 가지 측면에서 말하고 있다. 하나의 정의는 성인의 문제를 나이에 맞지 않게 조숙하게 다루어야 하는 아이를 말한다. 이 성인아이는 육신은 어리지만 정신적으로 너무 빨리 성장하는 아이로서 성인들이 해결해야 할 문제를 나이에 맞지 않게 조숙하게 다루어야 하는 아이를 말하고 있다. 그리고 또 다른 정의는 해소되지 아니한 어린 시절의 문제를 아직 처리하고 있는 성인이라고 하였다.[24] 첫번째 정의는 일반적으로 사용되는 '성인아이'에 대한 개념과는 다른 것으로 보통 두번째 정의를 채택하고 있다.

휘트필드(Charles L. Whitfield)는 성인아이의 개념으로 '내재

---

24) Tim Sledge, 「성인아이란 누구이며, 어떻게 치유할 수 있는가?」(노용찬·유재덕 옮김), 『성인아이 치유를 위한 12단계』, 글샘, 1997, 142-143쪽.

아(inner child)', '거짓된 자아(false self)', 또는 '동반의존적 자아(co-dependent self)', '진실되지 못한 자아(unauthentic self)', '공적인 자아(public self)' 등으로 표현하고 있다.[25]

그에 따르면 각각의 사람들은 '내재아(child within)'를 가지고 있으며 내재아는 우리의 내면적 부분을 가리키는 말로서 '진정한 자아(real self)', '참자아(true self)', '신적 아동(divine child)', '고차적 자아(higher self)' 등의 용어로도 함께 혼용해서 쓰이고 있다.[26]

앞의 정의를 종합해볼 때 성인아이는 극복되지 못한 내재과거아를 가지고 있는, 역기능가정에서 자란 사람이라고 정의 내릴 수 있다.

2. 성인아이의 특징

그러면 어린 시절의 극복되지 못한 내재과거아를 가지고 있는 성인아이들의 공통적인 특징에는 어떤 것이 있을

---

25) Charles L. Whitfield, *Healing the child within: discovery and recovery for adult children of dysfunctional families*, Health Communications, 1987, pp.9-12.
26) 강경호, 앞의 책, 2002, 90쪽 재인용.

까 살펴보자.

역기능가정에서는 자녀와 배우자가 '폭군아이' 부모를 견디면서 돌보아준다. 이들은 그 문제부모의 충족적 중독 행동에 맞추어 행동하고 반응하기 때문에 '동반중독자'[27] 가 된다. 종속적 의존관계에 있는 자녀가 경험하는 정서적 피해는 사랑하는 사람의 상실, 신뢰의 상실, 그리고 정상적 기준의 상실 등 세 가지 분야의 상실로 나타난다. 역기능가 정의 자녀들은 일정한 행동과 태도상의 특징을 지니는 것 으로 밝혀지고 있다. 성인아이는 적어도 네 가지 분야, 즉 사람을 신뢰하고 감정을 처리하고, 우울감을 느끼고, 책임 감을 다루는 데 있어서 문제가 있음을 고백하고 있다.[28]

워이티즈(Janet Geringer Woititz)는 성인아이의 문제를 다 음과 같이 요약하고 있다.[29]

• '정상적인 것'이 무엇인지에 대해 혼돈하고 있다.

---

27) 동반 중독 증상의 의존자는 부정직성, 분노, 적개심, 완벽주의, 의 존성 등의 특성을 가지며 타인과 기능적인 관계를 형성하는 데 어려 움을 가진다. 또한 자신의 욕구를 인식하고 충족시키기보다 알코올 중독자의 욕구를 충족시키는 데 우선적으로 중점을 둔다. 고병인, 『중독자 가정의 가족치료』, 학지사, 2003, 22쪽 재인용.
28) 정동섭, 앞의 책, 2000, 115-116쪽.
29) 정동섭, 앞의 책, 2000, 116쪽.

- 일이나 과업을 완수하는 데 어려움을 겪는다.
- 그럴 필요가 없는 데도 충동적으로 거짓말을 한다.
- 자신에 대해 지나치게 비판적이다.
- 자신에 대해 너무 심각하며 재미있는 시간을 갖는 데 어려움을 겪는다.
- 성인으로서 친밀한 관계를 맺는 데 어려움을 겪는다.
- 자신의 생활을 통제할 필요를 강하게 느끼는데, 뜻대로 안되면 지나친 분노를 느낀다.
- 평생 동안 인정과 칭찬을 받는 것에 대하여 강박적인 요구를 가지고 있다.
- 다른 사람과 스스로 다르다는 느낌이 있다.
- 지나치게 책임감이 강하거나 지나치게 무책임하다.
- 그럴 이유가 없는 데도 자신을 학대하는 부모에게 충성한다.
- 가끔 충동적인 행동을 해서 이미 있는 문제를 더 악화시킨다. 뿐만 아니라 이들은 '엉망진창된 현장을 치우느라' 엄청난 에너지를 소비한다.

페린(Perin)은 여기에 일곱 가지 특징을 추가했다.[30]

---

30) 정동섭, 앞의 책, 2000, 117쪽.

- 그들은 지연된 만족보다 즉각적 만족을 추구한다.
- 그들은 긴장과 위기를 구하고는 그 결과에 대하여 불평한다.
- 그들은 갈등을 조장하나 이를 처리하려 하지 않는다.
- 그들은 거절과 버림받음을 두려워하면서도 다른 사람들을 거절한다.
- 그들은 실패를 두려워하면서도 자신의 성공을 방해한다.
- 그들은 비판과 판단을 두려워하면서도 다른 사람들을 비판하고 판단한다.
- 그들은 시간을 잘 관리하지 못하면서도 자신을 위하여 일이 잘 되도록 우선 순위를 정하지 않는다.

정동섭은 이혼가정의 성인아이 현상을 집중적으로 연구한 하트(Archibald Hart)의 연구결과와 알코올 중독 가정의 성인아이를 연구한 윌슨(Sandra Wilson)의 연구결과를 종합하여 역기능가정의 성인아이들의 특징을 소외감, 자기정죄의식, 긴장감, 불신, 왜곡된 하나님[31]관으로 나누어 설명하고 있다.[32]

---

31) 기독교에서 상용되는 '하느님'과의 동의어.

소외감(alienation)

· 성인아이는 흔히 건강한 행동, 정상적인 행동이 어떤 것인지를 몰라 혼란스러워 한다. 그들은 '정상적으로' 행동하는 방법에 대하여 혼돈하고 있는데, 그것은 비정상적인 가정에서 사회화되었기 때문이다.

· 성인아이는 흔히 자신이 다른 사람들과 다른 데가 있다고 느낀다.

· 성인아이는 종종 버림받는 것에 대한 두려움을 느낀다.

· 성인아이는 친밀한 관계를 어려워한다. 버림받고 거절당하는 것이 너무나 두려워 아예 관계 맺는 것을 회피할 수도 있다.

· 자신을 고립시키는 성향이 있으며 다른 사람들, 특히 권위를 상징하는 사람들 주위에서 안절부절 못한다. 부모가 정서적으로 접근하기 쉬운 대상이 아니었기 때문이다.

자기정죄의식(self-condemnation)

· 성인아이는 자신과 타인을 무자비하게 비판한다. 다른 사람이 어떻게 판단할까, 비웃지나 않을까에 대해 정서적 긴장을 풀지 못한다.

---

32) 정동섭, 앞의 책, 2000, 120-125쪽.

- 성인아이는 인정받기에 급급하다.
- 성인아이는 자신에게 상처를 준 사람에게도 충성을 아끼지 않는다.

긴장감(tension)

- 성인아이는 즐거운 시간을 갖는 일에 어려움을 느낀다.
- 성인아이는 자신을 너무 심각하게 취급한다. 그는 자존감이 너무 낮기 때문에 조그만 비판에도 낙심하고 절망하기를 잘한다.
- 성인아이는 어떤 일을 시작에서 끝까지 마무리하는 데 어려움을 겪는다.

불신(distrust)

- 성인아이는 스스로 통제할 수 없는 변화에 과잉반응 한다.
- 진실을 말해도 되는 상황에서 거짓말을 한다.
- 성인아이는 대안적인 행동이나 결과에 대하여 심사숙고하는 것이 없이 충동적인 행동을 한다.
- 성인아이는 습관적으로 충동적이거나 충동적인 사람들과 관계 맺는 쪽을 택한다.

왜곡된 하나님관(blurred spiritual vision)

- 부모가 약속을 자주 어겼거나 엄격하였다면, 하나님도 믿을 수 없는 무서운 분으로 인식되게 마련이다. 부모의 행동이 의도적이지는 않았더라도 마찬가지이다. 성인아이의 하나님 상은 부모의 문제에 의해 흐려지거나 왜곡되는 것이다.

위의 내용을 종합해볼 때 성인아이는 알코올 중독, 일 중독, 도박중독 등의 중독성이 있는 가정이나 아이들을 적절한 관심과 사랑으로 보살피지 못한 가정, 지나치게 엄격하고 냉랭한 가정, 부모의 생각과 습관을 자식들에게 무조건 강요하는 가정 등, 가정의 기능을 제대로 수행하지 못하는 역기능가정에서 자란 사람이다.

그들은 어린아이답게 양육되지 못하였던 것들에 대한 기억과 마음의 상처로 인해 모순과 혼란을 경험하면서 정서적 장애뿐만 아니라 신체적 장애까지 가진 성인으로 성장하는 것이다.

그러한 성인아이들이 겪게 되는 정서적·심리적 증상은 우울, 걱정, 자살과 자살충동, 약물중독, 낮은 자존감, 성격장애, 병적인 공포심, 병적인 흥분, 성기능 장애, 의심, 친교의 장애, 의식의 분열, 무기력감, 불평 불만, 과도한 분노, 낮은 극복력, 수동적·공격적 성격, 과도한 의존성, 오락이나 재미를 느끼지 못함, 정체성의 혼란 등이다. 뿐만 아니라 약물 의존성, 섭식장애, 만성적 통증 증상, 긴장과 편두통, 호흡 작용과 관련된 문제, 위궤양, 대장염, 소화기상의 문제, 변비, 설사, 수면장애, 근육 긴장 등의 신체적 증상까지 동반하게 된다고 한다.

3. 성인아이의 요인

앞에서도 언급하였듯이 성인아이는 가정의 기능을 제대로 다하지 못하는 역기능가정에서 성장하였으며 그 내면에는 극복되지 못한 내재과거아가 있다. 성인아이로 간주되는 가장 중요한 결정요소는 가정이며 가정의 내력을 조사하는 과정에서 발견된다고 한다. 이 세상의 모든 사람의 삶은 외부로부터 상처받기 쉬운 연약한 어린아이에서부터 시작되며 이들 삶의 시작은 그들 부모에게 전적으로 의존할 수밖에 없다.

건강하지 못한 가정에서의 부모는 아이가 성인이 되기

훨씬 이전부터 성인이 되고 난 뒤 가져도 되는 책임감을
기대하고 강요하게 된다. 이것은 아이에게 때로는 아주 부
적절하고 혼란스러운 압력이 될 수 있다. 아이를 아이로서
격려해주지 못하고 점차적으로 어른이 겪어야 되는 도전을
미리 하게 함으로써 이 아이는 성장과정을 제대로 이해하
지 못하고 외면적으로만 성인이 되어버리는 것이다. 성인
아이는 어른의 신체를 가지고 어른의 책임과 목표를 향해
나아가고 있으나 가공되지 않은 작고 종속적인 어린아이의
모습을 갖고 있는 것이다.

존 프리엘(John Friel)과 린다 프리엘(Linda Friel)은 저서[33]
에서 가정의 기능은 의식주와 같은 기본적인 욕구를 충족
시키고, 안전과 온정과 양육을 가족 구성원에게 제공하고,
가족간의 의사소통, 소속감, 사랑받는다는 느낌들을 제공하
고, 자율적이고 개인의 프라이버시를 존중하고, 각 구성원
의 자기존중감(self-esteem)[34]이나 자기가치를 증진시키고, 구

---

33) John Friel & Linda Friel, *Adult children: the secrets of dysfunctional families,* Health communications, 1988, pp.53-54.
34) 자기존중감은 우리의 인생에서 필수적이며 마땅히 가져야 할 경험
이다. 더욱 구체적으로 자기존중감을 말한다면 다음과 같다. 첫째, 우
리 자신에게는 생각하는 능력이 있으며, 인생의 역경에 맞서 이겨낼
수 있는 능력이 있다는 자신에 대한 믿음이며, 둘째, 우리 스스로가
가치 있는 존재임을 느끼고, 필요한 것과 원하는 것을 주장할 자격이
있으며, 자신의 노력으로 얻은 결과를 스스로 즐길 수 있는 권리가 있

성원들의 실수를 수용하고, 자신의 갈등과 스트레스를 풀기 위하여 즐기게 하고, 설명할 수는 없지만 신성하고 고차원적인 힘(spirituality)을 가지고 있는 것이라고 하였다. 이러한 가정의 기능을 제대로 수행하지 못하는 가정은 역기능 가정이라고 할 수 있다.

가족상담(치료)을 전문으로 하는 심리학자들은 가정에 습관적으로 술을 마시는 알코올 중독자(alcoholic)나, 가정을 돌보지 않고 돈버는 일이나 직장일에만 열중하는 일중독자(workaholic), 충동적으로 노름을 하지 않으면 견디지 못하는 도박꾼, 외도를 해 다른 살림을 차리고 자식들을 돌보지 않는 아버지, 이혼했거나 재혼한 가정에서의 편모 또는 계부, 계모, 엄격하고 율법주의적인 신앙생활을 고수했던 부모, 중풍이나 뇌성마비와 같은 중병을 앓는 환자, 의처증이나 의부증세를 나타내는 부모를 둔 가정, 아니면 기본적으로 식생활을 하기 어려울 정도로 가난한 가정을 통틀어 '역기능가정(dysfunctional family)'이라고 부른다.[35]

앞에서 열거한 각종 중독가정, 정서적인 욕구를 충족시

다는 자신에 대한 믿음이다. 나사니엘 브랜든, 『나를 존중하는 삶—삶의 활력: 자기존중감』(강승규 옮김), 학지사, 1994, 38-39쪽.

35) 찰스 셀, 『아직도 아물지 않은 마음의 상처』(정동섭·최민희 옮김), 두란노, 2000, 11쪽 옮긴이 서문.

켜주지 못하는 지나치게 엄격하고 냉랭한 가정, 기본적인 인간의 욕구인 의식주가 제대로 해결되지 못하는 가정, 가정폭력과 성적·언어 학대 등이 일어나는 역기능가정이 성인아이를 양산하는 요인이 된다. 일반적으로 성인아이는 문제가 있는 가정에서 생기는 것으로 보이지만 가정이 수행해야 하는 기능을 완벽하게 다하는 가정은 존재하지 않으므로 대부분의 사람들은 정도의 차이는 있겠지만 성인아이의 모습을 가지고 있다.

인간의 속성상 가족 구성원이 한결같이 긍정적으로 상호 작용할 수 없으며, 부모가 자식에게 애정을 가지고 있으면서도 경제적·신체적으로 어려움에 처할 때 자식에게 무심코 언어 학대를 하게 되기도 하고, 부부가 직장생활을 하게 될 때 자식들은 장시간 부모의 실질적 보호나 정서적인 배려에서 벗어나 있을 수밖에 없다. 부모와 떨어져 있는 시간에 보호를 받아야 할 아이들은 그냥 집안에 방치되어 혼자서 시간을 보내거나, 학원을 전전하거나, 다른 보호자의 손에서 길러지게 되는 것이다. 그 과정에서 아이들은 그 상황을 설명할 구체적인 표현은 할 수 없더라도 그 느낌은 그들의 일생 동안 지니게 된다.

또 사회적으로 성공한 부모, 외견상으로는 행복해 보이

는 가정에서 성장한 사람일지라도 그 내부에는 해소되지 못하고 극복되지 못한 억눌린 감정이 있을 수 있다. 부모의 기대수준에 미치지 못하는 자신에 대한 불만, 좌절감과 자신을 이해하지 못하는 부모에 대한 분노 등이 그것이다. 그러한 억압된 감정은 가슴 깊숙한 곳에 잠재되어 있으며 사회화 과정을 거치면서 표면에는 나타나지 않다가 자신의 감정을 조절하기 힘든 상황이나 자신을 그대로 드러내는 것이 허용되는 가정 내에서 분노나 폭력으로 폭발시키곤 한다. 이러한 특성이 성인아이의 전형적인 모습이라고 할 수 있다.

성인아이는 발달단계에 따라 성취해야 할 과업을 달성하지 않음으로써 발생하는 문제라고 할 수 있다. 의존의 욕구를 충족시켜야 할 시기에 성인의 역할에 대한 부담을 지나치게 가지게 됨으로써 겉으로는 조숙하고 의젓한 아이들로 보이지만 실제로는 많은 문제를 안고 있는 성인으로 성장하게 되는 것이다.

4. 성인아이의 사례

역기능적 가정에서 성장한 성인아이는 심리적으로 만성
적인 분노, 과도한 죄책감과 책임감, 낮은 자존감 등을 갖
게 되며, 대인관계에서도 고립되고 방어적인 태도를 보이
며, 외부의 도움도 부정적으로 인식하여 도움을 요청하지
않기 때문에 성인이 되어서도 다양한 적응상의 어려움을
겪게 된다고 한다.

강경호는 성인아이의 유형을 완전주의 성향을 가진 성
인아이, 강박성향을 가진 성인아이, 우물쭈물하는 태도를
가진 성인아이, 수치심을 갖고 있는 성인아이, 요구만을 하
는 충동적인 성인아이, 무기력하고 소극적인 성인아이, 병
약한 성인아이, 증오심으로 가득 찬 성인아이, 공격적인 성
인아이, 인간관계를 맺지 못하는 성인아이, 자기애성 성인
아이, 거부당한 성인아이, 성적 문제의 성인아이로 구분하
여 설명한다. 하지만 성인아이의 성향은 한 가지 성향만 나
타나는 것이 아니라 복합적으로 나타나는 경우가 많다.

아래의 사례는 역기능가정에서 성장한 성인아이의 이야
기이다. 성인아이의 어린 시절에는 제대로 기능을 다하지
못하는 가정이 있으며 아이들의 마음의 상처를 헤아리지

못하는 부모가 있다. 마음의 상처는 어디에서 생기고 성인 아이의 정서장애는 어떻게 나타나는지 살펴보자.

1) <사례 1> 부모를 토막살해한 대학생[36]

2000년 5월 21일 새벽 이은석은 친부모를 망치로 살해하고 사체를 토막내어서 유기하였다. 유교적 전통이 강한 한국사회에서 정신이상이 아닌 상태에서 한 명문대생이 친부모를 살해했다는 사실은 충격적인 사건으로 각인되었다. 그 사건의 이면에는 부모의 신체적, 언어적 학대와 치유되지 못한 어린 시절의 상처와 공포로 정상적인 사회생활을 하지 못하고 파국으로 치달은 한 청년의 아픔이 있다.

소극적이고 예민한 이은석은 세상에서 가장 사랑받고 인정받아야 될 대상인 부모로부터 무관심과 폭력과 학대 속에서 상처를 받으면서 유년을 보냈다. 때로는 자살의 유혹을 강하게 받았지만 어머니라는 공포 속에서 견디기 위해 불안과 자기기만, 위선, 무기력 속에서 자신의 감정을 숨기면서 살았다.

---

36) 이훈구, 앞의 책, 2001과 비디오 테이프 KBS 2 <추적60분> "명문대생, 그는 왜 부모를 살해했나"에 나오는 이은석의 사례.

　그는 인간사회의 기본단위인 가정에서 사람을 진정으로 대하는 법을 배우지 못함으로써 대인관계에서도 심각한 장애를 가진 사람으로 성장했다. 겉으로는 학교생활에 충실한 모범생이었지만 항상 자신을 비하하고 자신감이 없고 당당하지 못하고 좋아하는 여자 앞에서도 제대로 대처할 줄 몰랐다. 가정에서부터 용기와 자신감을 심어주고 인격적으로 대우해주는 정상적인 부모의 사랑을 받지 못한 소심한 그는 체구도 작고 여드름이 얼굴을 뒤덮은 못생긴 외모로 인해 급우들로부터 따돌림과 폭력을 당하고 그것은 군대생활로까지 이어졌다. 객관적으로는 못생긴 얼굴이 아니지만 엄마로부터 그런 대우를 받았으므로 본인도 그렇게 믿었고 이것은 그의 열등감과 낮은 자존감의 주요 요인이 되었다.

　그는 성장하면서 불안, 우울, 외로움, 열패감 같은 정신적 허기를 음악과 비디오로 채웠으며 아마추어 수준을 벗어난 영화평을 쓸 정도로 영화 매니아였다. 그는 암울한 자기 생활의 돌파구로 음악과 영화를 택했으며 영화 속에서 자기처럼 억압받는 사람들의 삶을 통해 그들과 자신을 동일시하기도 하고 자극 받기도 하고 직·간접적으로 영향을 받았다. 그는 영상매체 내에서의 폭력을 접하면서 자신의 억눌린 욕구를 분출하였던 것이다.

이은석이 '부모 살해'라는 극단적인 분노를 표출하게 된 원인은 사랑이 없는 가정과 무관심 또는 학대를 일삼은 부모로 인해서였다. 이은석의 성격 형성에 주로 영향을 미친 것은 어머니였으며 어머니와 아버지의 양육태도를 살펴볼 필요가 있다.

이은석의 어머니는 홀어머니 밑에서 엄격한 엘리트 교육을 받으면서 자랐다. 야무지고 똑똑했던 그녀는 대통령의 꿈을 가지고 명문대학의 정치외교학과에 들어갔으나 대통령의 꿈이 현실적으로 불가능해지자 그 꿈을 실현해 줄 인물로 해군사관학교 출신인 남편을 택했다. 자신의 출세욕이나 명예욕을 충족시켜줄 수 있을 것으로 생각했던 남편과는 별로 사이가 좋지 않았으며 남편이 계급정년으로 출세의 길이 막히자 부부관계는 더 악화되었다. 그러자 그녀는 자식을 통한 대리만족으로 방향을 바꾸어 자신의 결핍과 욕망을 자식에게 투사하였다.

엘리트 의식을 가진 그녀는 내성적이고 다혈질이어서 공포심을 조장하고 폭력까지 행사하면서 두 아들을 엄격하게 교육시켰다. 큰 아들은 어머니의 교육에 반항하기도 했으나 소극적이고 예민한 둘째 아들 은석은 상처를 많이 받으면서 어머니라는 공포에서 벗어나기 위한 유일한 방법으로 공부에만 매달리면서 정서적으로 위축되고 왜곡되어갔다.

신경질적인 성격의 그녀는 대인관계에서도 자신의 자기애성을 강하게 드러냄으로 인해 따돌림을 당했다. 그녀는 자신의 종교적 취향에 맞지 않는다고 해서 여러 번 교회를 바꾸면서도 자식에게 있어서는 자신의 기준을 설정해놓고 자식의 개인적인 성향이나 특성은 무시하였다.

그녀가 자식을 대하는 방식은 이해와 설득과 아량이 아니라 엄격함과 학대였다. 은석이 초등학교 때 밥을 늦게 먹는다고 젓가락을 던지고, 만화를 그린다고 은석의 머리카락을 잡아뜯고, 다리에 피멍이 들도록 때리고, 은석의 책가방에 동화책이 있다고 형과 비교해서 혼내고, 전화를 잘못 받았다고 은석의 따귀를 때리고, 논쟁 끝에 물건을 집어던지고 주어오라고 하며, 컵을 깨고 형을 쟁반으로 찍고, 은석에게 키가 작아서 사회생활이 힘들 것이라는 모욕을 주는 등 그녀의 아이들을 향한 학대는 사랑을 바탕으로 한 보통의 어머니의 양육태도와는 차이가 있었다.

그녀는 자식과의 관계에 있어서도 착취적인 모습을 보였다. 은석이 부모 살해 10일 전 처음으로 엄마의 학대사실과 자신의 불만을 적은 일기를 엄마에게 보여주자 엄마는 인정하려고 하지 않았으며 펄펄 뛰며 오히려 은석을 궁지로 몰아넣었다. 이로 인해 은석은 세상과의 단절감을 더 강하게 느끼면서 위축되고 "나는 이미 끝난 인생"이라며 깊이 절망했다.

군인이었던 은석의 아버지는 비사교적이고 타협할 줄 모르는 성격으로 인해 군에서의 출세가 좌절되었으며 은석의 어머니와 불화가 심해 각기 방을 따로 사용하였고, 부부 싸움을 한 경우에는 몇 달 동안이나 가족과 대화하지 않고 밥을 자기 방에 가져가 혼자 식사를 하곤 했다. 그리고 군인이었기 때문에 한 달에 한 번 정도 집에 들어왔고, 전역 후에도 지방에서 근무하였기 때문에 많은 시간을 가족과 떨어져서 지냈다. 그는 자식에게 무관심하고 냉정하였으며 매사에 완벽을 추구하고 결벽증이 심하였다. 그는 강한 정신력과 절제하는 생활을 강조하며 군대식으로 자식들을 대하였고, 특히 은석의 행동이 느린 것을 못마땅하게 생각하고 '굼벵이'라고 조롱했다. 그로 인해 은석은 아버지가 자신을 '굼벵이'라고 부른 것에 한이 맺혀 있었다고 한다.

<사례 1>은 불안, 우울증, 무기력증, 자기존중감 결여, 대인기피증 등 성인아이의 전형적인 특징을 가지고 있는 이은석의 사례이다. 그를 패륜으로 치닫게 한 배경에는 자

식을 무조건적으로 사랑하고 이해하고 수용해주는 부모 대신 억압적인 분위기에서 자식을 학대하는 자기애성 성격장애자 어머니와 매사에 완벽을 추구하며 자식에게 냉정하고 무관심한 아버지가 있었다. 그는 신체적, 언어적 학대 속에서 가정의 따뜻함을 모르고 자신감이 결여된 사람으로 성장한 것이다.

이은석은 우발적으로 범죄를 저지른 것이 아니다. 어린 시절부터 쌓여왔던, 부모 특히 어머니에 대한 반발과 분노를 한꺼번에 비정상적으로 터뜨린 것이다. 동생의 부모 살해 소식을 접한 형의 반응이 "동생을 이해한다"라고 말한 부분에서 그 가정이 얼마나 비정상적이었고, 그들이 얼마나 고통 속에서 유년기와 청소년기를 보냈는지 짐작할 수 있다.

형은 어머니의 일방적이고 강압적인 양육방식에 반항하고 일찍 독립하였으나 소극적이고 예민한 은석은 어디에서도 위로 받지 못한 채 자신의 감정을 숨기면서 정서적으로 위축되어갔다. 그는 못생긴 얼굴이 아님에도 불구하고 엄마의 부정적인 평가로 인해 외모에 대한 콤플렉스를 가지고 있었으며 자기존중감을 갖지 못하였다. 그리고 학교와 군대생활에서의 따돌림으로 인해 사회적으로도 고립되었으며 좋아하는 사람이 있어도 정상적인 인간관계를 맺지 못하는 적응장애를 가진 사람이 되었다. 그리고 자신의 상처와 정서장애를 조절하거나 극복하지 못하고 분노의 극단적인 표출 행위인 살인 행위로까지 이어간 것이다.

연세대학교 심리학과 이훈구 교수는 이은석의 이야기를 다루고 있는 그의 책[37]에서, 이 사건이 심각한 가정폭력과 아동학대의 소산이라는 결론을 내렸으며 부모의 사체를 처리할 때 은석이 그처럼 냉정할 수 있었던 것은 수많은 살인, 폭력 영화를 통해 정서적 민감도가 떨어져 무덤덤하게 토막낼 수 있었을 것이라고 하였다.

영화평론을 쓸 정도의 사고력, 비판력 등의 지적 능력을 가지고 있었던 명문대생 은석이 수많은 살인, 폭력 영화를 보면서 자신의 억눌린 마음과 정서를 왜곡되게 표출하지 않고, 독서를 통해서 자신의 아픈 유년의 기억에서 벗어나고 상처를 치유해갈 수 있었다면 하는 아쉬움이 남는다. 그의 일기에 소설의 독후감도 쓴 걸로 봐서 그는 어느 정도의 독서를 한 것으로 보인다. 하지만 감당하기 어려운 부모와의 관계, 삶에 대한 절망, 자신의 무절제한 생활에 대한 죄책감, 정서적인 혼란을 겪으면서 책에 집중하지 못하

---

37) 이훈구, 앞의 책, 2001.

였고 자극적인 영상매체에 쉽게 자신을 맡겨버렸다.

독서자료의 선택이 중요하다. 대인관계에 문제를 가지고 있던 내성적인 그가 자신과 비슷한 상처를 갖고 있는 사람들의 치유를 다루는 책이나 기타 매체를 접하면서 그 문제를 풀어나가는 실마리를 찾고, 자신의 의지와 능력 밖에 있는 부모와의 아픈 기억의 고리를 끊을 수 있는 용기를 얻고 자신의 상처를 치유해갈 수 있었다면 이런 파괴적인 결과를 초래하지 않고 더 슬기롭게 자신의 문제를 풀어나갈 수 있었을 것이다.

2) <사례 2> 분노의 노예가 된 목사[38]

최현주 목사는 본인이 역기능가정에서 성장한 성인아이임을 모른 채 여러 해를 목회하면서 본인의 가정과 교회 성도들에게 많은 아픔을 안겨주었다. 그는 순기능가정에서 자기가치를 인정받으면서 자란 아내[39]와의 결혼생활에서도 아내에게 말로 공격하다가 끝내는 분노를 폭발시키고 심지

---

38) 최현주, 『위장된 분노의 치유』, 규장문화사, 2002에 나오는 최현주 목사의 자기고백.
39) 이선애, 『잃어버린 나를 찾아서』, 조이선교회, 1998에서 남편의 성인아이 치유과정을 밝힘.

어는 폭력까지 행사하여서 충격과 공포와 상처를 주었다. 그는 사랑의 언어를 표현하는 데에도 익숙하지 않았으며 분노를 폭발시킨 이후에도 죄책감과 좌절감에 시달리곤 했다.

그는 자신의 가족에 대한 폭력과 분노에 대한 죄책감을 성경 묵상과 금식기도로 해결해보려 했으나 허사였다. 악순환이 되풀이되는 가운데 그 부부는 참담한 생활을 되풀이하고 있었다. 심한 우울증을 앓으면서도 소망을 버리지 않던 사모의 노력으로 그는 성인아이에서 치유된 정동섭 교수[40] 부부와의 만남과 독서치료를 통해서 자신의 문제가 해결되지 않은 어린 시절에서 기인한다는 것을 알게 되었다. 그는 독서를 통하여 자신이 성인아이임을 깨달았으며 그것은 자신의 역기능가정에서 비롯되었음을 고백하고 있다.

그의 아버지는 이복 여동생이 출생하기 전 청소년 시절까지 독자로 성장하면서 형제들이 많던 사회 분위기 속에서 외로움을 많이 느끼며 지냈다. 그의 아버지는 동네에서 인정받는 사람이었지만 알코올 중독자였다. 그의 아버지는 자식들의 집 밖 출입을 자주 통제하였고 한번도 자식들을

---

40) 침례신학대학교 기독교교육학과장, 상담심리학 교수, 가정사역학회 초대회장으로 자신의 성인아이 사례를 『어느 상담심리학자의 고백』, 한국기독학생회출판부, 1994를 통해 밝힘.

등에 업지 않았을 정도로 엄격하였다. 알코올 중독증이 있는 엄한 아버지에 대한 공포심은 그가 성인아이가 되게 한 가장 큰 요인이 되었다.

그의 아버지는 매끼마다 두 홉들이 한 병 정도의 술을 마셨다. 그는 아버지의 주량이 넘칠 땐 두려움과 공포심을 느꼈고 식사 때마다 술 심부름을 하면서 심한 수치감을 느꼈다고 한다. 때로는 외상을 주고 사와야 했고 심지어는 10원어치 반 병을 사와야 했었는데 그 술병을 들고 동네를 지나는 발걸음이 가볍지 않았다고 한다. 그는 이런 이유로 성인이 된 후에도 별 것 아닌 것에 대해 많은 수치심을 느끼곤 했고, 엄격하고 무서운 아버지에 대해 억압받은 감정은 마음 속 깊이 분노로 가라앉게 되었다고 고백한다.

그의 어머니는 대수롭지 않은 부분에서도 뭔가를 말하지 말고 숨기라는 비밀스런 암시를 하곤 했다. 사람을 면대해서 하는 말과 그 사람이 없을 때 자식들에게 하는 말이 서로 다른 이중적인 모습을 보이기도 했는데 이것이 뒤틀린 부정적인 의식을 싹트게 했던 것이다.

그는 아버지의 알코올 중독으로 많은 상처를 입은 성인아이로서 자신의 성인아이의 특징을 다음과 같이 열거했다. 수치심, 열등감, 두려움과 공포심, 죄의식, 지나친 책임의식, 지나친 무책임, 압박감, 자신을 사랑하지 못하고 멸시함, 거부당한 느낌, 과민한 생각과 양심, 예의 없는 행동에 대한 분노, 부끄러워함, 꼼꼼한 행동, 타인의 평가에 민감하고 타인을 지나치게 의식함, 결단력이 약함, 자기비판, 성적인 탐닉, 숫자들을 잘 기억함, 흑백논리가 강함, 비판하기, 변화무쌍한 감정, 친밀감을 느끼기 어려움, 가족보다 타인에게 더 관심을 가짐, 고독감, 은폐하기, 상습적인 거짓말, 통제하기, 거짓된 자신감, 강박적인 행동, 열성적인 봉사, 즐거움에 대한 죄책감, 부정적인 신앙태도, 가식적인 경건, 안절부절-엉거주춤, 체면을 중요시함, 우울증, 분노와 폭력 등이 그것이다.

<사례 2>는 알코올 중독의 아버지 밑에서 성장한 성인아이 목사가 책을 통해서 자신의 문제가 어린 시절에 기인했음을 진단하고 독서, 기도, 상담 등으로 자기치유의 기쁨을 얻고, 역기능가정을 순기능가정으로 탈바꿈시켜나가는 이야기이다. 이것은 사회적으로 인정받는 위치에 있는 사람의 솔직한 자기고백이라는 점과 독서치료를 통해 치유한 기록이라는 점에서 의미가 깊다.

그는 독서치료를 통하여 자신의 정서적 장애가 성인아이의 전형적인 특징이고 어린 시절 엄격한 부모에게서 받

은 상처, 두려움, 공포가 목사가 되어서까지 영향을 미치고 있고 그 역기능가정이 자식에게까지 대물림된다는 사실에 충격을 받는다. 그는 목회자 가정에서 폭력과 분노가 일어나고 아이들을 정서적으로 방치하고, 가정 내에 그런 일이 있다는 사실을 숨겨야 하는 아이들의 부담감들 속에서 또 하나의 역기능가정이 만들어진다는 사실을 성인아이 관련 책을 읽는 과정에서 깨달았다.

겉으로는 정상적이고 상식적인 사고를 하는 목사가 가족인 아내와 자식들에게 폭력과 분노로 상처를 주고 그로 인해 죄책감과 수치심에 시달리다가 '신성회'를 통한 독서치료로 자신의 문제를 탐색하고 치유할 수 있었다.

신성회는 정동섭 목사의 사모인 이영애 실장이 1991년 가족의 정신건강을 위하여 만든 독서치료모임이다. 신성회는 가정생활과 정신건강에 도움이 될 3권의 책과 테이프를 3개월 단위로 우송하고 한 달에 한 번씩 독서그룹 모임을 가진다. 전체 독서그룹은 기초반, 연구반, 전문반으로 나뉘어 있다. 기초반은 새로 회원이 된 사람들로 구성되며 전문가의 추천에 따라 선정된 필독도서를 2년 동안 읽는 과정이고 연구반은 필독서를 다 읽은 사람들로 구성되어 좀더 전문적인 책들을 읽게 된다. 전문반은 일반 상담을 거친 다음, 그 상담 결과에 따라 책을 선별해서 남편의 외도나 자녀와의 갈등 등 특수한 상황에 놓여 있는 사람들에게 그 상황에 맞게 '책 처방'을 해주고 있다.

독서치료로 치유된 최현주 목사는 성인아이를 진단하고 치유할 수 있는 방법으로 '독서치료'를 제시하고 있다. 그에 의하면 독서치료는 자신의 문제뿐만 아니라 다양한 사람, 다양한 상황을 접하게 되므로 편협한 사고에서 벗어나 이해의 폭을 넓히게 되고, 자녀의 교육문제―결국 이것이 성인아이로까지 연결되므로―까지도 좋은 효과를 가져올 수 있다고 한다. 그리고 그는 독서치료를 통해서 그 기초를 닦은 후에 상담이 이루어지면 매우 효과적이라고 한다.

그가 말하는 독서치료의 특징은 다음과 같다.[41]

첫째, 책 속에는 저자의 오랜 시간에 걸쳐 연구한 많은 지식과 폭넓은 경험 그리고 사례들이 포함되어 있기 때문에 비교 선택하며 이해의 폭이 넓어지게 되면서 깊이 음미하게 되고 차근차근 많은 것들을 폭넓게 얻을 수 있는 장점이 있다. 둘째, 자기 자신을 사람들 앞에서 노출시키지 않아도 된다. 셋째, 스스로 주도권을 가질 수 있다. 넷째,

---

41) 최현주, 『위장된 평화의 치유』, 규장문화사, 1996, 243-248쪽.

상처받을 위험이 없다. 다섯째, 시간과 공간의 특별한 제한을 받지 않는다. 여섯째, 비용이 적게 든다. 일곱째, 교육 수준이 높은 경우에 더 효과가 있다.

3) <사례 3> 독재자 아버지의 망령에 시달리는 작가[42]

어린 카프카는 늘 혼자였다. 어린 시절의 그는 몸이 약하고 겁이 많으며 결단력이 없고 순종적인 아이였다. 특히 성격이 내향적이고 신경질적이며, 어딘지 모르게 어두운 그림자를 가진 소년이었다. 그의 어머니는 온종일 그의 아버지의 시중과 어린 여동생들의 뒷바라지로 바빴기 때문에, 카프카는 유모, 가정교사와 학교 담임교사에게 맡겨졌다. 그는 소년 시절부터 심한 외로움과 참을 수 없는 고통 속에서 지냈다.

카프카는 결혼이 자신에게 있어 딜레마이고, 마지막 구원인 동시에 소름이 끼치도록 무섭고 불가능한 일이라고 생각했다. 그의 주변에는 몇 명의 여성들이 있었지만 정상

---

42) 체코 태생의 실존주의 작가 프란츠 카프카(Franz Kafka, 1883 ~1924)의 이야기. http://the_isle.hihome.com/와 클로드 티에보, 『카프카: 변신의 고통』, 시공사, 1998 참조

적인 인간관계를 형성하는 데 어려움을 겪었으며 한 여성과의 세 번의 약혼은 모두 파혼으로 이어졌으며 끝내 그는 독신으로 살았다.

카프카의 일생은 혼돈과 방황의 흔적으로 가득한 것이었다. 그에게는 아버지의 그림자가 짙게 드리워져 있었다. 카프카는 '아버지'라는 존재에서 받은 억압된 기억, 일과 문학이라는 고된 이중생활, 결핵이라는 신체적 질병, 두통, 불면증, 호흡장애, 정신적인 불안에 시달리는 가운데 자신의 유일한 구원수단이 되었던 문학을 통해 자신의 고뇌를 해결하고 위안받을 수 있었으며 그 결과로 진실하고 적나라하며 고통스러운 작품들을 탄생시켰다.

카프카가 정서적으로 불안하게 성장한 데에는 아버지의 영향이 컸다. 강한 열망의 소유자인 아버지는 섬세하고, 내성적인 아들 카프카가 극복하지 못할 대상이었다. 그의 아버지는 거칠고 권위적이었으며 자신은 규범을 쉽게 어기면서도 아들에게는 규범에의 복종을 강요하였다. 이런 상황에서 카프카는 굴욕감을 느끼면서도 아버지의 명령을 하늘의 명령으로 받아들였고 세계를 판단하는 가장 중요한 잣대로 삼았다. 그는 외형적으로는 스포츠를 즐기는 멋진 청년이었지만 내면적으로는 약하고 근심이 많고 우유부단하고 불안한 존재였다.

카프카의 아버지는 자수성가한 유태인으로 섬세한 구석이 전혀 없었으며 저항을 허용하지 않는 집안의 독재자였다. 그는 자신의 의견만을 옳다고 여기며 다른 사람의 의견은 모두 낡고 정신나간 것으로 매도하였다. 몸집이 크고 기운찬 그는 모든 것을 혼자서 처리했고, 그 점을 대단한 긍지로 여겼다. 그는 젊은 시절 갖은 고생을 해가며 스스로 일어섰는데 반해, 자식들은 아버지 덕에 부족함이 없이 편하게 살아왔다고 나무랐다. 그는 천둥 같은 목소리로 마음대로 모욕하고 중상하고 폄하하는 말들을 내뱉었으며 욕설을 퍼부었다.

어머니는 하루종일 일을 했으며 이지적이고 자녀들에게 호의적이었지만 아버지의 독선 속에서 아들을 보호해주지 못하고 남편이 아들에게 행하는 독선적 판단과 경멸을 묵인했다.

부부가 함께 찍은 사진을 보면 카프카의 어머니는 남편을 아주 어려워하는 듯한 태도이며 끊임없이 우울증에 시달렸다고 한다. 그녀는 아버지의 금기사항을 아버지 몰래 아들에게 허락했으며, 아들을 남편으로부터 보호했다. 하지만 이러한 처방은 최악의 결과를 가져왔다. 아버지의 희생

자가 되었다는 강박관념에 줄곧 시달리던 카프카는 "무의
식적으로 그녀는 사냥의 몰이꾼 역할을 즐겼다"고 하였으
며, 어머니가 어떠한 방패막이도 되어주지 못했음을 이렇
게 표현했다. "그녀의 남편에 대한 지극한 사랑과 헌신 덕
분에 아버지는 마침내 아이들과의 갈등에서 독자적인 정신
적 권력을 표상할 수 있게 되었다"라고.

<사례 3>은 어린 시절의 억압과 마음의 상처를 문학
으로 승화시킨 작가 프란츠 카프카의 이야기이다.

그는 엄격하고 권위적이고 위선적이며 사랑을 표현할
줄 모르는 아버지와 일중독의 어머니 밑에서 정서적 보살
핌을 받지 못하면서 외롭게 자란 성인아이였다.

그는 어깨가 벌어진 체격에 자신감이 넘치며 강인하고
정신력 면에서도 우월한 아버지와 함께 있으면 위축감을
느껴 쉽게 피로를 느꼈고 아버지와 대면하는 것조차 부담
스러워하였다. 이것은 그의 생활과 대인관계 전반에 영향
을 미쳤다. 그는 자신감을 상실했으며 불안, 우울, 죄의식,
수치심을 느끼면서 지냈다. 그는 아버지를 모든 판단 기준
과 규범의 척도라고 생각할 정도로 절대적 존재로 이상화
하거나 극단적으로 찬미하였다.

카프카는 성인이 되어서도 아버지를 이상적인 대상으로

생각하고 이 같은 이상화를 극복하지 못했기 때문에 아버지로부터 자유로울 수가 없었다고 한다. 아버지에 대한 이미지를 그대로 유지하고 싶은 욕구로 인해 아버지에 대한 냉정한 평가를 내리지도 못했고 자신의 정체성을 확립시키지도 못했다. 그는 결혼을 하고 싶었지만 자신의 결혼에 대한 아버지의 부정적 태도를 눈치채고 아버지가 집요하게 자신을 붙잡으려 한다는 것을 알고는 자기 의지를 포기하고 만다. 그는 자신의 결혼 문제뿐만 아니라 모든 대상을 아버지의 시각으로 보았으며 아버지에게 종속되어 있었다. 아버지로부터의 해방을 시도하기보다는 그대로 복종의 품 안에 머무르는 것이 더 편할 것이라는 유아적 태도 때문에 그는 평생 아버지라는 존재에서 해방되지 못하고 고착되어 있었다.[43]

카프카의 모든 글은 아버지를 상대로 해서 쓰여졌다고 한다. 글 속에서 평소에 직접 아버지의 가슴에 대고 토로할 수 없었던 것만을 토로했고 그것은 오랜 시간에 걸쳐 의도적으로 진행한 아버지와의 결별 과정이었다고 그는 고백하였다.

---

43) 김영진, 『한국의 아들과 아버지』, 황금가지, 2001, 161-170쪽.

실제로 그가 쓴 『아버지에게 드리는 편지』에서 자신이 아버지에 대해 가지고 있었던 이상화가 허상이었고 어린 시절의 기억이 두고두고 상처로 남아 있음을 밝혔고, 아래의 발췌된 글44)에서도 나타나 있다.

어렸을 때는 주로 식사시간에 아버지를 보았기 때문에 아버지의 훈육은 대개 식사법과 예절에 대한 것이었습니다. 차려놓은 것은 모두 먹어라. 음식 투정을 말아라 하는 식으로. 그런데도 종종 당신은 음식이 형편없다고 투정했습니다. 식탁을 감도는 침울한 고요는 번번이 훈계에 의해 깨졌지요 "먼저 먹어라. 이야기는 나중에 하고." "빨리 먹어라. 더 빨리. 더 빨리 먹어." 이런 식이었습니다. 뼈는 씹어서는 안되었습니다. 당신도 그렇게 했습니다. 잔을 입으로 빨아서는 안되었습니다. 당신도 그렇게 했습니다. 문제는 빵을 똑바로 써는 것이었습니다. 당신은 소스가 뚝뚝 떨어지는 나이프로 빵을 썰면서도 전혀 개의치 않았습니다. 음식부스러기가 바닥에 떨어지지 않도록 조심해야 한다고 하면서도 가장 많이 떨어져 있는 곳은 당신의 자리였습니다. 식탁에서는 먹는 데만 전념해야 될 터인데 당신은 손톱을 깎고 연필을 깎거나, 이쑤시개로 귀를 후볐습니다. 아버지, 부디 제가 하는 말을 오해하지 마십시오. 이러한 사소한 일은 그 자체만으로는 실로 무가치한 일입니다. 그러나 이런 일이 저에게 괴로움을 준 것은, 제가 보기에 너무도 권위적이셨던 바로 당신이 저에게 강요하시던 계율을 당신 자신은 지키지 않았다는 사실 때문입니다. 그 결과 저의 세계는 세 부분으로 갈라졌습니다. 첫번

44) 클로드 티에보, 앞의 책, 1998, 114-116쪽.

째 세계는 '나'라는 노예가 살고 있습니다. 저 하나만을 위해 고안된 법률의 지배를 받으면서도, 저는 웬일인지 이것을 제대로 지키지 못했습니다. 두번째 세계는 아주 먼 곳으로, 거기엔 당신이 살고 있습니다. 당신은 다스리고 명령하고 불복종에 대해 분노하면서 바쁘게 지내십니다. 마지막으로 세번째 세계는 명령이나 복종 따위 없이 다른 사람들이 행복하게 살고 있는 곳입니다. 저는 끊임없이 굴욕 속에서 살고 있습니다. 당신의 명령에 복종했기 때문입니다. 그것은 굴욕이었습니다. 그러한 명령은 저만을 상대로 유효했기 때문입니다. 그래서 반항해보았지요. 하지만 역시 굴욕이었습니다. 저로서는 감히 당신께 반항할 수조차 없었기 때문입니다. 그렇다고 아버지의 명령을 그대로 따를 힘도 없었습니다. 저는 아버지만큼 체력이나 식욕이나 재능을 갖고 있지 못했기 때문입니다. 그런데도 당신께서는 마치 당연한 일인 것처럼 저에게 그대로 따를 것을 요구하셨습니다. 이것이야말로 진정 최대의 굴욕이었습니다. 다만 이는 분별력을 갖고 곰곰히 생각했던 것이 아니라 단지 어린아이의 느낌이었을 뿐입니다.

어렸을 때였는데, 저는 한 사건을 분명히 기억하고 있습니다. 아버지도 기억하고 계실지는 모르겠습니다. 어느날 밤, 저는 물이 먹고 싶다고 계속 울어댔습니다. 특별히 목이 마른 것은 아니었고, 단지 누군가를 화나게 만들고 싶기도 하고 제 기분을 달래고 싶은 생각이기도 했던 것입니다. 몇 번인가 심하게 꾸지람을 들었지만 소용이 없자, 당신은 저를 마루로 끌어내 문을 닫고 속내의 차림으로 세워두셨습니다. 저는 그것이 잘못됐다고 말하는 것이 아닙니다. 다른 식으로는 밤의 고요를 되찾을 수 없었을지도 모릅니다. 그러나 저는 이 이야기를 함으로써 당신의 교육방식과 그것들이 제게 미친 영향을 규정짓고 싶을 뿐입니다. 저는 그 후로 아주 고분고분해진 모양입니다만, 그로 인해 저는 마음의 상처를 받았습니다. 그로

부터 몇 해가 지난 후에도 거인 같은 남자가, 즉 아버지가 이
유 없이 밤중에 나타나 나를 침대에서 마루로 끌어낼지 모른
다는 무서운 생각에 괴로워하곤 했습니다.

위의 편지를 통해 어린아이의 눈에 아버지가 어떻게 비
쳤는지 알 수 있으며, 어린 시절의 상처받고 치유되지 못한
기억이 이처럼 집요하게 한 인간에게 영향을 미치고 있음
을 알 수 있다. 그는 강압적이고 권위적인 아버지 밑에서
억압받으면서 자라면서 어린 시절에 적절히 풀어버리지 못
한 감정들의 찌꺼기가 남아 있었고 만성두통, 불면증, 우울
증에 시달리면서 행복한 삶을 살지 못했다.

그는 독자들에게 카타르시스와 통찰을 주는 문학작품을
씀으로써 어린 시절에 채워지지 못한 정서적 결핍과 마음의
상처를 위로받고 억압된 기억을 해소할 수 있었을 것이다.

3
성인아이를 위한 독서치료

1. 독서치료의 정의

앞 장에서 어린 시절의 극복되지 못한 상처와 아픔은 성인이 되어서도 우울증이나 낮은 자존감, 수치심, 인간관계를 맺지 못하는 등 사회부적응의 형태로 나타나고 극단적인 경우 자신을 조절하지 못하고 폭력이나 범죄로 이어지는 사례를 살펴보았다. 그 사례들 중에 두번째 사례는 역기능가정에서 자라나 자신 역시 역기능가정을 만들어가던 한 목사가 독서치료를 통해 자신의 문제가 무엇인지를 진단하고 치유해가는 이야기이다.

성인아이를 치유한다는 것은 간단하지 않은 작업이다.

많은 사람들이 여러 가지 마음의 상처와 만성적인 우울증, 성격장애 등의 정서적 장애로 고통을 겪고 있지만 왜 그렇게 마음이 아픈지 어떻게 하면 치유할 수 있는지 적극적으로 자신의 문제에 직면하고 치유하고자 노력하는 사람은 그다지 많지 않다.

자살 사이트에서 만나서 동반자살을 한다든지, 마음속의 분노를 다스리지 못해서 충동적인 범죄를 저지른다든지, 자기보다 힘이 약한 사람들의 돈을 빼앗는 그런 행위들이 일간지 사회면에서 자주 등장하고 있으나 이런 사건들로 인해 받는 충격이 점점 무뎌지고 있는 것이 현실이다. 이는 그만큼 우리 사회에 자신의 억압과 왜곡된 감정을 비정상적으로 표출하는 사람들이 많아지고 있다는 증거이다.

치유되지 못한 상처받은 마음과 억눌린 분노를 비정상적인 방법을 통하여 풀어버리는 사람이 있는가 하면 상처를 드러내는 데에 익숙하지 못한 사람들도 많다. 많은 사람들은 살아가면서 생기는 마음의 생채기나 고통이나 좌절이 인간이기에 감당해야 하는, 혼자 짊어지고 가야 할 '인생의 짐' 정도로 생각하며 가슴 깊은 곳에 묻어두기도 한다.

성인아이를 치유한다는 것은 어린 시절 받은 상처를 어루만지고 거기에서 해방되고 자신의 아픈 기억에서 자유로

워지며 상처를 준 대상을 용서하는 작업이 될 것이다. 그리
고 나아가서는 역기능가정의 악순환과 대물림의 구조에서
해방되는 것이다.

성인아이를 치유하는 데 있어서 가족치료45)는 아주 중
요하다. 성인아이의 원인이 '역기능가정'이므로 그 가정에
대한 이해 없이 치유를 이야기하는 것은 어렵다. 성인아이
문제는 가정이라는 가장 작은 사회단위 내에서 서로의 상
처를 이해하고 어루만지고 신뢰를 바탕으로 관계를 새롭게
만들어나감으로써 진정한 치유가 일어날 수 있다.

마음의 상처를 가지고 있거나 정서적 장애에 시달리는
사람들을 위하여 이미 음악치료,46) 미술치료,47) 무용치

---

45) 가족치료는 가족 집단을 치료의 단위로 취급하며, 가족을 둘러싼
상황을 고려한 맥락 속에서 그들이 지닌 문제를 이해하려고 한다.
따라서 가족치료에서는 그들과 관련된 가족 속에 있는 개인의 내면
문제보다는 가족 속에 존재하는 대인관계의 양상에 주목한다. 보웬
(Bowen)의 세대간 가족치료, 사티어(Satir)의 의사소통 가족치료, 미
누친(Minuchin)의 구조적 가족치료 등의 접근방법이 있다.
46) 음악치료는 음악을 치료의 매개체로 사용하여 정서적, 사회적, 신
체적 건강을 증진시키는 치료의 한 형태로서 음악과 과학의 결합으
로 이루어진 예술적, 창조적, 과학적인 치료이다. 사람들에게 내재되
어 있는 음악성(innate musicality, inborn musicality)을 이용하여 자연
스러운 방법으로 변화를 유도하는 안전하고 즐거운 치료이다.
http://www.music4family.org/ 참조.
47) 미술치료는 심리치료의 한 유형이다. 심리적 문제를 지닌 내담자
와 상담 도중에 내담자의 상태를 보아가며 여러 가지 미술창작활동
(그림, 조소, 디자인, 서예 등 미술 전 영역 포함)을 제시하여 내담자

료,[48] 연극치료[49] 등의 예술치료[50]가 개발되어 있고 기독

교를 중심으로 한 지원그룹[51]이 있는 데 반해, 마음의 상처

의 마음을 정확하게 읽고 내담자의 마음이 진정되게 하여 내담자 스
스로 자신의 마음을 알고 문제를 느끼게 돌보아주는 것으로 내담자
들의 객관적이고 의식적인 서술만으로는 파악하기 어려운 무의식의
세계를 탐구해가는 효과적인 치료기법이다. http://www.simli75.com/
html/misul75_is.html 참조.

48) 창작적인 예술요법으로 가장 근본적인 예술인 무용 자체의 표현
을 이용하여 심신장애를 치료하는 학문이다. http://www.kdmta.com/
kdmta_mainframe.htm 참조.

49) 연극치료(dramatherapy)는 연극을 통하여 정서와 태도에 바람직한
변화를 일으키는 치료법이다. 1920년대부터 모레노의 심리극이 시도
되었지만 이 용어가 처음 사용되기 시작한 것은 1956년 연극교육학
자인 피터 슬래이드(Peter Slade)에 의해서였다. 연극치료의 기원은
원시시대의 종교의식에서 시작되었다. 종교의식에 음악, 춤, 가면 및
의상들이 항상 사용되었기 때문에 그 안에 연극의 씨앗이 내재되어
있다고 볼 수 있다. 연극의 기원에 대한 견해 가운데 '유희본능설'도
연극치료의 확고한 바탕을 마련해준다. 인간에게는 어렸을 때부터
가상적인 상황 속에 스스로를 몰입시켜 유희를 하는 본능이 있다.
이러한 '유치한 놀이'가 스트레스와 불면증에 시달리는 어른들의 두
통을 없애줄 수 있다는 데에 사람들은 놀라게 되는 것이다. 수 제닝
스, 『연극치료』(한명희 옮김), 학지사, 2002, 224-229쪽 참조

50) 예술치료는 정신치료의 한 형태로 스케치나 회화, 조각, 또는 콜
라쥬 등의 기법을 방법 또는 치료 자체로 사용하는 학문이다. 어떤
치료사들은 사진이나 연극, 찰흙놀이 등을 치료에 이용하기도 한다.
일반적으로 예술치료는 정신분석학이나 정신역동적인 이론에 기반
을 두고 있으며, 사용되는 치료수단이나 치료방법에는 제한이 없다
고 할 수 있다. 예술치료는 명확한 한계와 목표를 갖는, 환자와 치료
자 사이에 역동적인 인간관계를 쌓아가는 진단적이고 치료적인 방법
이다. http://artstherapy.or.kr/ 참조.

51) 지원그룹은 1980년대 초 캘리포니아 플라톤의 제일복음주의 자유
교회를 중심으로 'Overcomers Outreach'라는 이름으로 시작된 것으
로, 역기능가정에서 자라난 어린이와 10대 청소년, 그리고 성인을

를 진단하고 치유할 수 있는 방법으로 책을 이용하는 독서
치료는 아직 활성화되지 못했다. 성인아이에서 치유된 정
동섭 교수는 성인아이를 치료하는 가장 좋은 방법은 독서

위하여 개발한 기독교적 집단상담 프로그램이다. 지원그룹은 단주모
임(AA, Alcoholics Anonymous)의 12단계 원리를 기독교적으로 통합
해 적용하고 있다. 현재 미국 45개주에서 매주 800개 이상의 지원그
룹이 모이고 있다. 정동섭, 『어떻게 사람을 변화시킬 수 있는가』, 요
단출판사, 2000, 159쪽 참조.
　한국에서는 상담소를 가지고 있는 교회, 이를테면 여의도 순복음
교회, 온누리교회, 영락교회, 사랑의 교회, 연동교회, 임마누엘교회,
동안교회조차도 부부개입치료, 가족치료와 여러 형태의 중독자 가족
을 위한 지원그룹(support group), 자조그룹(self-help group), 소그룹
(small group) 등의 프로그램은 전무한 상황이다. 주로 상담학교, 결
혼예비학교, 부부행복학교, 노인학교, 가정사역학교 등의 교육 프로
그램과 개인상담, 인간관계 훈련을 목적으로 하는 집단상담 등이 다
소 진행되고 있으며 주로 전화상담 중심으로 일회적인 위기상담과
정보를 안내해주는 수준에 머물고 있는 실정이다. 부부개입이나 집
단상담과 가족치료를 전문으로 하고 있는 상담소는 김영애의 '가족
치료 연구소', 홍인종의 '가족치료상담소', 성신여대 부설 '심리건강
연구소', 김용태의 '횃불 트리니티 신학대학원', 이미형의 '알코올 상
담센터'와 민호기의 '한국 알코올 약물 가정폭력상담소' 등이 있다.
그러나 중독자와 배우자가 함께 참여하는 부부 개입 프로그램을 진
행하는 연구소와 상담소는 별로 없는 실정이다. 고병인, 『중독자 가
정의 가족치료』, 학지사, 2003, 13쪽 참조
　아침영성연구원(http://www.achimhope.or.kr)의 '아침치유상담실'은
위기상담, 신앙상담, 청소년상담, 목회상담, 심리치료, 가족치료 부문
의 열린 상담뿐만 아니라 전문 상담가와 1:1로 심층적인 상담이 진
행되는 곳으로 일반인들이 겪고 있는 각종 위기, 갈등, 마음의 상처
를 치유하고 돌보는 온라인상의 치유공간이 되고 있다. 회원가입을
할 경우 다른 사람들의 상담과 치유사례를 볼 수 있으며 이를 통해
내적 치유에 대한 객관적인 통찰을 얻을 수 있다.

요법과 지원그룹 안에서의 집단상담 경험[52]이라고 하였다.

성인아이 문제를 치유하는 데 있어 객관적인 인식의 기반을 확립하기 위해서 책은 반드시 필요하다. 책은 갖가지 정서 부적응상태에 있는 사람들이 자신의 고통의 원인이 무엇인지 진단하고 치유할 수 있는 수단이므로 치료의 도구로 책에 접근할 수 있도록 유도하는 도서관과 사서의 노력이 요구된다. 책의 치유력은 앞의 사례에서도 볼 수 있었다. 자신의 치유받고 변화되고자 하는 용기와 의지 없이 책만 접한다고 해서 치유는 저절로 이루어지는 것은 아니다. 거기에는 문제에 직면하고 치유받고자 하는 자신의 의지가 무엇보다 중요하고 인내를 가지고 그 상황에 맞는 적절한 책을 선별해서 읽는 노력이 필요하다.

이 연구를 진행하면서 성인아이 문제를 정서적 장애를 지닌 특정 그룹의 문제만으로 다룰 것이 아니라 대부분의 가정이 역기능적 요소를 가지고 있으므로 정서적 장애를 원만하게 해결하고 치유하기 위한 일반적인 독서치료로 다루어도 무리가 없을 것으로 생각되었다. 그래서 성인아이 진단과 치유를 위한 목록은 성인아이 문제를 중심으로 선

---

52) 정동섭, 앞의 책, 2000, 155쪽.

정하였으나 독서치료에 대한 전반적인 이론과 연구는 포괄
적 의미의 독서치료를 염두에 두고 진행하였다.

먼저 독서치료의 정의를 살펴보자. 독서치료(bibliotherapy)
란 말의 어원은 'biblion(책, 문학)'과 'therapeia(도움이 되다, 의
학적으로 돕다, 병을 고쳐주다)'라는 그리스어의 두 단어에서
유래되었다. 따라서 근본적으로 독서치료는 문학을 사용하
여 정신건강을 증진시킨다는 것이다. 즉 문학이 치료적인
특성을 가졌다는 기본 가정에서 출발한다고 볼 수 있다. 따
라서 독서치료가 무엇인지 가장 단순하게 정의를 내린다면
책을 읽음으로써 치료가 되고 도움을 받는다는 것이다.[53]

미국 도서관협회(American Library Association) 산하 병원 및
시설도서관 협의회(AHIL, Association of Hospital & Institution
Libraries)가 1961년 튜스(Ruth M. Tews)를 위원장으로 하여 독
서치료위원회를 구성하고, 독서치료의 정의를 내리기 위해 5
개 문항의 설문지를 돌려 다음과 같은 결론을 얻었다. "독서
치료는 의사의 지도 아래 정서적 또는 기타 문제를 치료하
는 것으로 독서자료의 선정을 포함하여 계획, 주도, 조절하
는 프로그램 활동이다. 이것은 예견되는 목적과 목표를 가

---

53) 한국어린이문학교육학회 독서치료 연구회 편, 앞의 책, 2001,
  16-17쪽.

지고 숙련되고 전문적 훈련을 받은 사서에 의해 운영되어
야 한다."[54]

베스 돌(Beth Doll)과 캐롤 돌(Carol Doll)은 일반적인 독
서치료의 정의로서 『교육학사전』의 내용을 인용했다. 즉
"전반적인 발달을 위해 책을 사용하며, 책은 독자의 성격을
측정하고 적응과 성장, 정신적 건강을 위해 사용되기도 하
는데 그 책과 독자 사이의 상호 작용 과정이 독서치료이다.
그리고 선택된 독서 자료에 내재된 생각이 독자의 정신적
또는 심리적 질병에 치료적인 영향을 줄 수 있다는 개념"
이다. 이와 비슷하게 하트(M. F. Hart)는 치료자와 도서관
사서가 읽으라고 지시한 책을 참여자가 읽음으로써 개인의
문제를 해결할 수 있도록 안내를 해주는 것이 독서치료라
고 얘기하고 있다.[55]

『사회복지사전』에서는 독서치료에 대한 포괄적인 정의
를 내리고 있다. "독서치료는 정서적 문제나 정신질환을 앓
고 있는 사람들에게 문학이나 시를 처방하는 것이다. 독서
치료는 종종 사회그룹 복지(social group work)와 그룹치료에

---

54) 장귀녀, 『도서관 봉사로서의 독서요법 적용가능성에 관한 연구』,
　　석사학위논문, 이화여자대학교 대학원, 1985, 5-6쪽.
55) 한국어린이문학교육학회 독서치료연구회, 앞의 책, 2001, 16-17쪽.

사용되며, 외래환자뿐만 아니라 시설에 있는 모든 연령층의 사람들과 개인의 성장과 발전을 위한 수단으로 문학을 공유하려는 건강한 사람들에게 효과가 있는 것으로 알려졌다."[56]

위의 정의들을 종합해보면, 독서치료는 책을 읽음으로써 자신이 직면하고 있는 문제들을 슬기롭게 처리할 수 있는 통찰력을 얻게 되고, 치료와 예방을 통해 정신건강을 유지하고 사회적응력을 정상적으로 키우도록 하는 치료법으로 치료자와 사서의 안내가 필요하다.

2. 독서치료의 역사

현재 우리의 상황에 맞는 독서치료를 이야기하기 전에 왜 독서치료가 중요한지, 독서치료의 역사는 어떠한지 살펴볼 필요가 있다.

독서치료는 고대에서부터 시작되었다고 할 수 있다. 예를 들면, 아리스토텔레스(Aristotle)는 『시학(poetics)』에서 카타

---

56) John T. Pardeck & Jean A. Pardeck, *Bibliotherapy: a clinical approach for helping children*, Gordon and Breach Science Publishers, 1993, p.1.

르시스에 대하여 논의하면서 문학뿐만 아니라 다른 예술이 사람에게 치료를 가능하게 하는 정서들을 불러일으킨다고 이야기하였다. 이러한 사실을 입증이라도 하듯 비슷한 문구들이 옛 도서관에서 발견되었다. 즉 테베의 도서관에는 '영혼을 치유하는 장소'라는 글이 적혀 있고, 스위스에 있는 세인트 골(St. Gall)의 중세 대수도원 도서관에는 '영혼을 위한 약 상자'라는 비슷한 글이 새겨져 있다. 이것은 사람들이 책을 소중하게 여겼다는 것을 보여주기도 한다. 그리고 이들은 책이 가지고 있는 교육과 치료의 힘을 통해 생활이 질적으로 풍부해진다는 것을 잘 알고 있었다는 것을 드러내준다.[57)

16세기 프랑스 의사로서, 리용의 시립병원에 근무하다 나중에 어느 장군의 시의가 된 라블레(Francis Rabelais)는 풍자작가로도 유명한데, 그는 환자에게 주는 처방전에 언제나 문학책 이름을 적어주었다고 한다.[58) 이것은 신체적 질병을 치료하기 위하여 의사의 처방과 약의 도움뿐만 아니라 독서에 의해 정신과 마음을 건강하게 하는 것이 진정한 치료라는 생각에서 취해진 처방일 것이다.

---

57) 한국어린이문학교육학회 독서치료 연구회, 앞의 책, 2001, 24쪽.
58) 황의백, 『독서요법』, 범우사, 1996, 11쪽.

들라니(Delaney)는 알라바마에 있는 터스키기 재향군인 병원에서 훌륭한 공헌을 한 도서관 사서였는데 독서치료의 선구자로 불렸다. 그녀는 1938년에 '병원은 독서치료를 할 수 있는 장소(The place of bibliotherapy in a hospital)'라는 논문을 발표하였다. 그녀는 많은 사람들이 병원에 입원하게 될 때에 비로소 책을 읽을 여유를 갖게 된다는 것을 깨닫고 병원에서 정신과 환자들을 독자로 만드는 기회로 삼았다.[59]

1930년대와 1940년대에는 심리치료자와 정신분석가들이 책을 환자의 가장 깊은 부분의 정서에 접근할 수 있는 치료수단으로 보고 독서치료를 활용하였다. 그와 아울러 정신병원에서는 치료를 총괄하는 의사 한 명과 이를 시행하는 전문사서 한 명이 팀이 되어 치료방법으로 책을 읽는 활동을 포함한 치료 프로그램을 사용하였다.[60]

1959년에 그레이퍼(Greifer)는 브룩클린에 있는 병원에서 '시 치료(poetry therapy)'집단을 조직하였다. 그때 이후로 많은 병원과 임상기관에서 비슷한 집단을 만들었고 그러한 움직임은 널리 확산되었다. 1964년에 세인트루이스에서 미

---

59) 한국어린이문학교육학회 독서치료 연구회, 앞의 책, 2001, 25쪽.
60) 한국어린이문학교육학회 독서치료 연구회, 앞의 책, 2001, 26쪽.

국도서관협회의 연례회의와 함께 독서치료에 대한 워크숍
이 개최되었다. 이 워크숍은 정신의학, 임상심리학, 정신과
간호학, 사회사업 관련 분야의 대표자들과 레크리에이션·
작업치료 실무자들, 그리고 도서관 사서들과 관련된 32개
의 부서에서 온 관찰자 등 다양한 분야에 종사하는 사람들
이 관여한 것으로 유명하였다. 1967년에는 재향군인 원호
국에서 『독서치료란(We call it bibliotherapy)』이라는 제목으
로 참고문헌목록을 발행하였다. 그리고 플란도르프(Flandorf)
는 『어린이들이 시설 상황에 잘 적응할 수 있도록 도와주
기 위한 책들』이란 제목으로 책의 목록을 편찬하였다.[61]

　서구사회에서는 1949년 슈로드(Caroline Shrodes)에 의해
독서치료에 대한 이론적이고 임상적인 박사학위논문이 나
온 이래로 독서치료에 대한 연구가 지속적으로 활발하게 이
루어지고 있다. 독서치료에 대한 이론과 효과, 필요성을 제
시하는 수준을 넘어서 상황별로 어떻게 독서치료로 도움을
받을 수 있을지 제시하는 단행본들이 많이 출간되어 있다.

　우리나라의 경우 독서치료의 역사는 짧다. 독서치료에
대한 학문적 연구도 미미한 편이었으나 몇 년 전부터 독서

---

61) 한국어린이문학교육학회 독서치료 연구회, 앞의 책, 2001, 27쪽.

치료가 새롭게 주목을 받고 있다. 개인적으로 독서치료 홈페이지[62]를 운영하고 있거나 신성회와 같은 독서모임으로 우리나라의 독서치료 역사의 새로운 장을 열고 있는 것은 긍정적인 발전이라 하겠다. 그러나 체계적인 독서치료의 적용이 이루어지려면 도서관과 같은 공익기관의 지원과 훈련된 사서의 안내가 무엇보다 필요하다. 이 시점에서 독서치료를 도서관의 사회적 책무와 역할로 새롭게 인식하고 제도화하는 노력들이 뒤따라야 할 것이다.

3. 독서치료의 목적과 가치

독서치료의 목적은 독서치료 전문가의 수만큼이나 다양하며 독서치료자는 독서치료과정에서 어떻게 하면 이러한 목적을 성공적으로 달성할 수 있을지 늘 염두에 두어야 할 것이다. 독서치료자가 독서치료대상자들에게 책을 소개하고 읽고 검토하기 위해 사용하는 전략이나 테크닉에 따라 독서치료의 효과는 달라질 것이다. 그리고 독서치료대상자가 자신을 사랑하고 치유하려는 의지가 있을 때 치유의 효

---

62) http://www.bibliotherapy.pe.kr 이영식의 독서치료 홈페이지.

과는 훨씬 더 커질 것이다.

베스 돌과 캐롤 돌은 독서치료의 목적을 다음과 같이 기술하고 있다.[63)]

첫째, 다른 무엇보다도 먼저 독서치료는 책을 읽은 사람들의 개인적 통찰력과 자기이해를 키우기 위한 것이다. 둘째, 개인적 통찰력의 향상과 관계 있는 것으로 책을 읽은 사람들이 정서적인 카타르시스를 일으키도록 하기 위한 것이다. 셋째, 일상의 문제를 해결하도록 돕기 위한 것이다. 넷째, 책을 통해 얻은 통찰, 카타르시스, 문제를 해결하는 능력을 얻는 것은 타인과의 상호 관계나 행동하는 방법을 변화시키기 위한 것이다. 다섯째, 타인과의 효과적이고 만족스러운 관계를 증진시키기 위한 것이다. 여섯째, 친밀한 사람과 헤어지게 되는 특정 문제[혼성가족(step families), 입양 등]에 직면하게 되었을 때 좋은 정보원을 제공해주기 위한 것이다. 일곱째, 자주 간과되는 것으로 독서치료는 즐거움을 주기 위한 것이다.

이와 비슷한 맥락에서 존 파르덱(John T. Pardeck)과 진

---

63) Beth Doll & Carol Doll, *Bibliotherapy with young people: librarians and mental health professionals working together*, Libraries Unlimited, 1997, pp.8-9.

파르덱(Jean A. Pardeck)은 그들의 저서에서 독서치료의 가치를 다음과 같이 기술하고 있다.[64]

첫째, 문제에 대한 통찰을 얻게 한다. 둘째, 긴장의 이완과 기분전환을 하게 한다. 셋째, 자신의 외부로 관심을 돌리게 한다. 넷째, 인간관계를 증진시킨다. 다섯째, 신체적·정서적 장애를 조절하도록 돕는 강력한 도구이다. 여섯째, 책을 통해 얻게 된 통찰력으로 미래의 문제를 방지하기 위한 해결책을 찾아주는 예방도구이다.

독서치료는 마음의 상처를 치료하는 치료적 차원과 건강할 때 자신의 자아를 튼튼하게 하고 자신과 타인을 이해하고 통찰하는 힘을 키우는 예방적 차원에서 그 가치를 찾을 수 있다.

마음의 상처와 절망이 깊거나 인간에 대한 근본적인 회의에 빠질 때 책으로 어떤 문제를 풀려고 하는 사람은 별로 없을 것이다. 절망의 터널을 약간 벗어나 자신을 관조하고 자신을 추스리려는 마음으로 적절한 책을 접할 때 책은 강력한 힘을 발휘하는 도구가 될 수 있을 것이다. 자신이 처하고 있는 문제가 자신만의 문제가 아님을 인식하고 비

---

64) John T. Pardeck & Jean A. Pardeck, op. cit., 1993, p.2.

숫한 상황에 처한 사람들이 자신의 아픔을 치유해가는 과
정을 보면서 인간에 대한 이해를 새롭게 할 수 있고 자신
의 상황에 적용해봄으로써 문제를 해결하는 통찰력을 얻게
될 것이다.

한편, 평소에 독서를 통해서 자아를 튼튼하게 하고 인
간과 삶에 대한 통찰력을 넓히는 훈련을 함으로써, 살아가
면서 수없이 부딪히게 될 삶의 문제와 마음의 상처를 극복
하고 스스로 컨트롤하는 능력을 키울 수 있으므로 독서는
마음의 상처를 어루만지고 정신의 황폐함을 예방하는 데에
도 그 가치가 있다고 할 수 있다.

4. 독서치료의 원리

슈로드는 1950년에 인성이론과 정신분석에 기초한 심미
적 경험역학이론을 제시하였으며, 그 연구는 독서치료의 심
리적 기반으로 남아 있다. 슈로드의 이론은 게슈탈트 심리학
(Gestalt psychology),[65] 몰의 행동 이론(molar behavior theory),

---

65) 게슈탈트 심리치료는 정신분석치료가였던 독일계 유대인 프리츠
펄스가 1940년대에 실존철학적 배경을 바탕으로 정신분석치료의 단

장 이론(field theory), 프로이드의 정신분석에 나오는 인성의 일반적인 접근에 근거를 두는 것이다. 인성의 역학과 심미적 경험의 역학 간의 관계를 설명하는 모든 인성이론에는 공통되는 기본 개념들이 있다고 슈로드는 말한다.[66]

  인성의 역학에 의한다는 것은 유전적인 것이든, 갑자기 나타난 것이든 내부의 힘, 욕망, 충동, 본능, 외부의 자극 없이 움직임이 일어난다는 것을 설명할 수 있음을 의미한다. 상상력을 불러일으키는 문학작품의 영향 아래 심미적 경험의 역학이 일어난다는 이 구절은 독자들이 적응과 성장의 어떤 과정에 있게 됨을 의미한다. 상상력을 불러일으키는 문학작품을 읽는 과정은 정적인 것이 아니라 동적인 것이다. 독서는 주의, 개념화뿐만 아니라 인지, 통각(apperception), 인식과 관련 있는 만큼 동적 관점의 독서 과정은 독자의 요구와 감정과는 분리될 수 없는 것이다. 사람들은 인성의 역학뿐만 아니라 독자의 인성과 심리적 분야의 문학작품 사이의 상호 작용

점을 보완하여 만든 새로운 치료법이다. 독일어로 '형태', '모습'을 뜻하는 게슈탈트는 우리의 욕구나 감정 또는 전형적인 행동방식 등을 지칭하는데, 게슈탈트 치료에서는 대부분의 심리적 문제들이 과거의 해결되지 않은 욕구나 감정 또는 상처받은 경험과 연관되어 있다고 본다. 현재 게슈탈트 심리치료는 세계 각국에서 활발한 움직임을 보이고 있으며 우리나라에도 게슈탈트심리치료연구회가 결성되어 있고 전문가들이 양성되어 상담치료 현장에서 활동하고 있다. 배르벨 바르데츠키, 『따귀 맞은 영혼』(장현숙 옮김), 궁리, 2002, 추천의 글에서.

66) Rhea Joyce Rubin, *Using bibliotherapy: a guide to theory and practice*, Oryx Press, 1978, pp.34-35.

과 반작용 역시 고려하여야 한다.

이러한 상호 작용이 슈로드의 독서치료의 정의를 이루고 있다. 문헌이 독자에 의해 경험되고 통합되는 과정은 심리치료의 주요 단계와 일치한다. 이러한 단계는 동일화 (identification), 투사(projection), 소산(abreaction),[67] 카타르시스 (catharsis)와 통찰(insight)이다. 다음은 슈로드가 제시한 독서에 반영되는 역학 과정의 흐름이다.[68]

<동일화>

· 작중인물을 향한 감정의 표현

· 작중인물의 견해와 일치 또는 불일치의 표현

· 작중인물의 운명에 대한 관심 표시

· 작중인물이 된 것 같은 기쁨의 느낌 표현

---

67) 소산(消散)은 정신분석의 창시자인 지그문트 프로이트가 신경증의 치료법에 관한 연구를 하면서 처음으로 사용한 정신분석 용어이다. 이 말은 영구적인 정신장애를 남기는 정신적 외상을 입힌 사건에 결부되어 있던 감정이 그 사건의 반복적인 경험을 통해서나 정신치료를 받는 중에 깨끗이 제거되는 정동(情動) 방출의 순간을 가리킨다. 소산은 대개 눈물이나 폭력 표출의 형태로 나타나는데, 이는 신경증 치료의 결정적인 수단으로 작용한다(자료: 두산세계대백과사전 참고).

68) Rhea Joyce Rubin, Ibid., pp.36-37.

<투사>

· 통각적인 투사(apperceptive projection)

  - 작중인물간의 관계 이해

  - 작중인물의 동기 이해

· 인지적 투사(cognitive projection)

  - 저자의 의도를 추론

  - 이야기상의 윤리성 과다부과

  - 옹호하거나 잘못 추론된 가치

<소산과 카타르시스>

· 말로써 감정을 표현(죄의식, 걱정, 긴장)

· 소생된 과거 기억

· 작중인물이나 저자를 향한 공격의 표현

· 전이의 표시: 상징적인 경험에 반응

<통찰>

· 자아 인식의 표시(소속감, 자기이해)

· 타인 인식의 표시(이해, 인내, 수용)

· 동기분석의 정확성과 타당성

· 인지적 인식의 정확성[실제 테스트 대 상투성(stereotopy)]

· 새로운 개념의 편입(가치, 목적)

· 통합(무의식이 의식화)

　독서치료의 원리를 간단하게 정리해보면 다음과 같다. 먼저 독서치료의 도구가 되는 자료에서 다른 사람의 문제를 보면서 자신의 문제를 인식하고, 다른 사람도 자신과 같은 문제를 가질 수 있음을 앎으로써 자신의 문제에 대한 절망감을 최소화할 수 있고 동질감을 느낀다. 그리고 자신의 느낌, 문제, 처한 상황을 자료에 나오는 인물에 비추어 봐서 그 등장하는 인물간의 관계나 동기에 대한 이해를 하게 된다. 그렇게 함으로써 자신의 억압된 기억, 걱정, 긴장과 같은 감정을 작중 인물이나 저자에게 말이나 감정적 발산으로 표현하여 감정의 정화를 느낀다. 그 결과 자신의 심리적·정신적 억압상태에서 벗어날 수 있으며 자기 자신에 대한 객관적인 인식과 타인에 대한 이해, 인내, 수용과 같은 통찰력을 갖게 된다.

　덧붙여 파르덱은 독서치료의 주요 원칙을 다음과 같이 설명하고 있다.[69]

---

69) John T. Pardeck, *Using books in clinical social work practice: a guide to bibliotherapy*, Haworth Press, 1998, pp.7-8.

첫째, 독서치료자는 친숙한 책을 사용하여야 한다. 둘째, 독서치료자는 책의 길이를 알고 있어야 한다. 이질적인 세부묘사와 상황을 다루고 있는 복잡한 책은 피해야 한다. 셋째, 독서치료대상자의 문제가 고려되어야 한다. 책은 독서치료대상자가 직면하고 있는 문제에 적용할 수 있어야 한다. 넷째, 독서치료자는 독서치료대상자의 독서능력을 알고 있어야 하며 사용될 책을 선택하는 데 안내 역할을 하여야 한다. 만약 독서치료대상자가 책을 읽을 수 없거나 읽어내는 데 문제가 있다면 독서치료자는 책을 큰 소리로 읽어주거나 테이프에 녹음해서 들려주어도 좋다. 다섯째, 선택하는 책의 지적 교양 수준에 있어 독서치료대상자의 정서적·신체적 연령이 고려되고 반영되어야 한다. 여섯째, 개인적이든 일반적이든, 독서선호도가 선정에 있어 지침이 된다. 일곱째, 독서치료대상자가 느끼는 것과 똑같은 감정이나 분위기를 표현하는 책은 종종 훌륭한 선택이다. 여덟째, 책이 주어진 임상적 문제에 별 도움이 되지 않을 경우 시청각자료가 대신 고려되어야 한다.

5. 진단과 치유를 위한 독서목록

앞에서 성인아이가 역기능가정의 산물임을 살펴보았다. 하지만 성인아이는 표면적인 역기능가정에서만 나오는 것은 아니다. 겉으로 봐서 정상적인 가정에서도 표출되지 않은 억압된 감정을 숨기고 상처받고 살아가는 사람들이 있을 수 있다. 그리고 역기능가정의 정의를 '제대로 기능하지 못하는 가정'이라고 했을 때 '기능'과 '역기능'의 명확한 기준을 정하기는 어렵다. 같은 시대 같은 공간 속에 살아가는 사람들의 상식적인 수준에서 평가할 수 있을 뿐이다. 그러므로 정도의 차이는 있지만 우리들 대부분이 성인아이의 모습을 조금씩 가지고 있다. 이 사실은 브랜덴(Nathaniel Branden)의 아래의 글에서도 나타나 있다.

대부분의 사람들은 정상적인 기능을 발휘하지 못하는 가정에서 자란 사람들이다. 이 말은 대부분의 사람들이 알코올중독인 부모 밑에서 자랐거나, 성적으로 학대받거나 또는 물리적으로 폭력적인 분위기에서 성장했다는 의미가 아니다. 그보다 이 말의 뜻은, 대부분의 사람들은 갈등 상황과 현실부정, 부모님의 거짓말, 부적절한 존중 등으로 특징지어지는 가정에서 자라왔다는 뜻이다.[70]

---

70) 나사니엘 브랜든, 앞의 책, 1994, 31쪽.

전문가들은 대부분의 미국 가족이 역기능가족이라고 한다. 심리학자 존 프릴과 상담자 린다 프릴은 90~95%의 가족이 역기능적이라고 추산하고 있다. 가족치료사 버지니아 사티어는 건강한 가족이 4% 정도 밖에 되지 않는다고 말한다.[71] 우리나라의 상황도 미국과 크게 다르지 않을 것이다.

상호 복종적인 부부관계보다는 가부장적 가족문화에서 충효를 절대가치로 가르치며 남존여비를 근간으로 삼았던 유교문화, 일제 36년간의 억압, 그 뒤의 전쟁, 가난은 갖가지 역기능적 요인을 잉태하고 있어 가정과 사회 전체를 역기능적으로 만들었다 해도 과언이 아니다.[72]

안타까운 사실은 대부분의 사람들이 자신의 정서적 장애가 역기능가정에서 비롯되었으며 그러한 모습이 '성인아이'의 특징이라는 사실을 모르고 있다는 점이다.

여기에서 자기존중감이 낮고 우울증이 있으며 분노를 잘 터뜨리는 등 사회생활에 잘 적응하지 못하는 성인아이들을 진단하고 궁극적으로 치유할 수 있는 독서목록들을 살펴보고자 한다.

현재 성인아이에 대한 국내 논문은 30여 편 정도이며

---

71) 정동섭, 앞의 책, 2000, 147쪽.
72) 정동섭, 앞의 책, 2000, 147-148쪽.

성인아이에 대한 단행본은 몇 권에 불과하다. 너무 자료가 빈약해서 목록 선정에 있어서 취사선택할 필요를 느끼지 않는다. 먼저 성인아이에 대한 이론을 접할 수 있는 책을 제시하고, 성인아이를 소재나 주제로 하는 내용을 담고 있는 책을 소개할 생각이다. 그리고 '성인아이'라는 표현을 사용하고 있지는 않지만 어린 시절의 상처를 확인할 수 있는 책과 치유를 경험할 수 있는 책을 이어서 소개할 것이다.

여기에 제시된 목록만으로도 성인아이의 개념을 이해하고 치유를 위한 해결책을 어느 정도 얻을 수 있을 것이다. 하지만 스스로 자신의 문제에 직면하고 치유하려는 의지 없이 단순히 새로운 지식에 접근하려는 마음으로는 쉽게 치유의 기쁨을 얻기는 힘들다. 치유는 나와 타인을 이해하고 어린 시절의 극복되지 못한 내재과거아를 수용하고 그 상처들을 어루만지고 극복해가는 것으로 평생을 두고 이루어지는 과정이라 할 수 있다. 그 과정에서 치유 관련 도서들은 서로 상승작용을 일으켜 긍정적인 자아를 형성하고 자기존중감을 갖게 할 뿐만 아니라 독서에서 얻은 통찰력을 바탕으로 타인에 대한 배려와 수용이 가능하도록 할 것이다.

다음은 성인아이의 진단과 치유를 위한 독서목록[73]이다.

1) 성인아이에 대한 이론서

강경호. 2002, 『역기능가정의 성인아이와 상담』, 한사랑가족
상담연구소

이 책은 성인아이 문제 전반을 다룬 책으로 크게 두 부
분으로 나뉜다. 1부에서는 가정의 환경으로서 순기능가정
과 역기능가정에서의 양육이 어떠한 결과가 주어지는지 살
펴보고, 역기능가정에서 양육되는 성인아이에 대한 이해와
성인아이의 특징, 현상들, 역할들을 다루고 있다. 2부에서

---

73) 국내 인터넷 서점 Yes24, 알라딘, 교보문고에서 '성인아이'란 키워
드로 탐색해본 결과 책의 제목이나 부제목에 성인아이를 포함하는 국
내자료는 4권에 불과했다. 그래서 범위를 확대하여 성인아이를 주제
로 하는 도서를 더 탐색하게 되었다. 성인아이 관련 이론서를 선정한
후, 치유된 성인아이의 자기고백이 담긴 책이 이론서보다 더 현실감이
있고 설득력이 있어서 독서치료자료로 선정했다. 그리고 어린 시절의
상처와 성장기의 아픔의 원인이 가정의 분위기, 부모의 언행에서 비롯
된다는 생각에서 마음의 상처를 들여다볼 수 있는 책들도 선정했다.
마지막으로 성인아이 치유서뿐만 아니라 상처받은 마음을 치유할 수
있는 도서들을 더 선정했다. 마음의 상처를 치유하는 책과 성인아이를
치유하는 책은 구분될 성질의 것이 아니라 연장선상에서 고려되어야
할 것이기 때문이다. 책의 선정기준은 성인아이 관련 자료 중에 인용
이 많이 되었거나 쇄를 거듭한 자료, 서평에서 좋은 점수를 받은 자료
이다. 목록은 세 가지 범주로 나누어 소개하였다. 그리고 미국의 온라
인 서점인 아마존(Amazon)에서 'adult children'을 탐색해본 결과 관련
도서가 수백 종에 달하였지만 독서치료도구로 외국도서를 사용하는
것이 무리가 있어서 외국도서는 제외하였다.

는 성인아이들에게서 나타나는 왜곡된 다양한 모습을 살펴
보면서 그들을 회복시킬 수 있는 방안을 다루고 있다.

고병인. 2003, 『중독자 가정의 가족치료: 역기능가정 성인아
이 치유의 기독교적 접근』, 학지사.

이 책은 사회·과학적 연구, 임상적 통찰력 그리고 성경
진리들에 기초하여 중독자들과 가족들의 가정생활에 대한
포괄적인 시각을 제시하려는 목적으로 쓰여졌다. 알코올,
마약, 도박, 섹스, 사이버 등 각종 중독으로 많은 사람들이
어려움을 당하고 있으며 그 중독자들의 가족은 동반의존의
고통을 겪고 있다. 이 책에서는 지금까지 교회로부터 외면
당했던 2,000만 명이나 되는 중독자와 중독자에게 동반의
존된 가족들을 위해서 앞으로 교회가 실시해야 할 예방적
차원의 교육과 치유적 차원의 상담 그리고 재활을 위한 프
로그램 개발을 다룬다.

김만홍. 2001, 『성인아이 치유이야기』, 가족사랑.

이 책은 역기능가정에서의 어린 시절의 경험이 어떤 정
서적인 문제와 영향을 주는지 총회신학교 교수이자 상담전

문가인 저자가 엮은 저서이다. 먼저 순기능가정과 역기능 가정에 대한 설명에 이어 성인아이의 특성에 대해 유형별로 설명하고 각 유형별 치유사례를 쉽고 간단하게 소개한 책이다. 이론서라기보다는 사례집이라고 할 수 있다.

정동섭. 2000, 『어떻게 사람을 변화시킬 수 있는가?』, 요단출판사.

이 책은 치유된 성인아이였던 저자가 기독교적 상담차원에서 성인아이 문제를 다루고 있다. 청소년의 인격형성에 절대적 영향을 미치는 가정의 기능과 성인아이의 공통적 특징을 설명하고 성인아이의 치유를 위한 집단상담모델을 제시하고 있다. 저자는 성인아이의 상처를 치유하는 가장 좋은 방법으로 개인상담이 아닌 독서치료와 집단상담의 원리를 활용한 지원그룹을 들고 있다.

Friends in Recovery. 1997, 『성인아이 치유를 위한 12단계』 (노용찬·유재덕 옮김), 글샘.

이 책의 원저는 *The 12steps for adult children: from addictive and other dysfunctional families*이다. 이 책은 알코올

중독자 익명모임(alcoholics anonymous) 그룹의 12단계 프로그램을 다루고 있는 것으로 알코올 중독자들뿐만 아니라 다른 형태의 역기능가정에서 성장한 성인아이 모두에게 정서적 치유뿐만 아니라 영적인 성장까지 이를 수 있도록 계획된 것이다.

2) 성인아이의 원인과 마음의 상처를 진단할 수 있는 도서

김정일. 2002, 『이런 부모가 자식을 정신병자로 만든다』, 박영률출판사.

이 책은 한 사람의 성장에 있어서 지대한 영향을 미치는 부모로 인하여 고통받고 있는 사람들을 실제로 상담한 내용을 담고 있다. 정신과 의사인 저자는 자식에게 가장 큰 상실감과 상처, 고통을 준다는 의미에서 자식을 정신병자로 만드는 부모는 일찍 죽은 부모, 이혼한 부모, 정신적으로 문제가 있는 부모로 구분하였다. 저자는 부모로 인하여 고통받는 사람들에게 더 이상 절망하지 말고 현실을 정확히 인식하고 자기답게 살아갈 것을 조언하며 과거에서 벗어나기 위한 해결책을 제시하고 있다.

W. 휴 미실다인. 2001, 『원만한 정서생활을 가로막는 몸에 밴 어린 시절』(이종범·이석규 옮김), 가톨릭출판사.

이 책의 저자 휴 미실다인은 20세기를 풍미한 프로이트의 '무의식'이론의 유용성에 의문을 품고, '내재적 과거아' 이론을 펼친다. 저자는 어린 시절의 경험이나 감정이 성인이 되어서도 끊임없이 정서생활과 인간관계에 영향을 미치며 현실에서 문제를 일으키는 정서장애의 많은 부분이 부모의 잘못된 양육방식에 기인한 것이라고 말한다. 또한 부모의 잘못된 태도가 여러 정서적인 문제를 일으킬 수 있지만 그것을 전적으로 부모의 책임으로 떠넘기지 말고 자신에 대해 의식적이고 적극적인 부모가 되는 능력을 가질 것을 요구한다.

이호철. 2001, 『학대받는 아이들』, 보리.

이 책은 '삶을 가꾸는 글쓰기와 그림 그리기'를 진행해 온 저자가 교육 현장에서 아이들과 함께 풀어낸 글들로, 학생을 가르치는 교사들과 자녀를 기르는 부모들은 물론 이 사회의 모든 어른들이 한번쯤 귀기울여봐야 할 아이들의 생생한 목소리를 담고 있다. 가정 내에서 사회에서 무심코 행하는 언행이 아이에게 얼마나 큰 상처를 입히는지, 학대

받고 무시당하는 아이들의 인권에 대해 진지한 물음을 던지고 있는 책이다. "어려서 입은 마음의 상처는 자라서도 옹이로 남아 몸과 마음에 크고 작은 병의 씨앗이 된다."

이훈구. 2001, 『미안하다고 말하기가 그렇게 어려웠나요』, 이야기.

이 책은 2000년 5월 21일 명문대생의 부모 토막살해 사건을 소재로 한 책이다. 부모를 살해한 이은석은 비교적 넉넉한 집안에서 자랐고, 명문사립대에 재학중이라 사회를 더욱 경악시켰다. 이 책은 연세대학교 심리학과 이훈구 교수가 우리 사회의 치부를 가장 극명하게 드러낸 '이은석 사건'을 심리학적 견지에서 분석한 글이다. 저자는 이은석과의 인터뷰, 21권 분량에 달하는 일기, 서신교환, 주변인물의 증언 등을 통해서 이 사건이 심각한 가정폭력과 아동학대의 소산이라는 결론을 내리고 있다.

이희경. 2000, 『마음 속의 그림책: 부모에게 상처받은 아이들의 호소문』, 미래 M&B.

이 책은 전문상담교사 자격을 취득한 상담교사인 저자

가 부모에게 상처받은 아이들의 내면을 깊숙이 들여다보고, 미술 치료 방법으로 진단하고, 상담으로 치료하려 했던 기록을 담은 글이다. 저자는 비행 청소년과 '자신을 알아가는 시간'에서 아이들 상처의 근원은 대개 부모의 양육태도에 있다는 확신을 하게 되었다. 또 혜택받은 가정환경에서 잘 자라고 있는 아이가 속으로는 곪고 있음을 충격적인 마음속 그림에서 확인한다. 상처 입은 아이들의 내면을 들여다볼 수 있는 글이다.

수잔 포워드. 1990, 『이런 사람이 무자격부모다』(이동진 옮김), 삼신각.

이 책은 심리치료가의 임상적인 경험을 담은 글로 부모와 자녀와의 관계가 성인이 되어서도 중대한 영향을 미치고 있다는 사실을 실례로 보여주고 있다. 부모가 자주 때리거나 야단치거나 또는 '바보천치', '못난 자식', '천하에 쓸모 없는 아이'라고 하던가 죄의식을 강요하던가 성적으로 학대하던가 과도한 책임을 억지로 지우던가 매사에 너무 보호하는 것이 자존심에 상처를 주게 되는 동기라고 저자는 이야기한다. 그리고 무자격부모 밑에서 자라 죄의식과

자아회의를 가지고 있는 사람에게 자포자기적 행동양식과
과거의 상처와 영향에서 벗어날 수 있는 구체적인 방법을
제시하고 있다.

마리나 피카소 2002, 『나의 할아버지 피카소』(백선희 옮김),
효형출판.

이 책은 천재 화가 피카소의 삶을 그의 손녀 마리아의
눈으로 본 이야기이며 피카소의 숨어 있던 가족사이다. "나
에게 한 폭의 그림은 파괴들의 총합이다"라고 말한 할아버
지 피카소에게 있어 그의 작품은 그의 유일한 언어요, 세상
에 대한 유일한 비전이었던 반면, 자신을 비롯한 가족은 그
의 창작을 위해 파괴되어야 했던 존재들이었다. 피카소가
자신의 작품 속에 갇힌 채 현실과의 모든 관계를 잃고 그
누구도 헤치고 들어갈 수 없는 내면 세계에 틀어박히는 동
안, 그의 가정은 조언하고, 교육하고, 아이들이 삶에 대처
할 수 있도록 준비시키는 정상적인 가정을 이루지 못했다.
14년간의 정신상담을 받으며 아픈 과거의 상처를 치유해가
는 과정을 겪어야 했던 마리나 피카소와 비극적인 삶을 살
아야 했던 그의 가족사를 들여다볼 수 있다.

토리 L. 헤이든. 1982, 『한 아이』(주정일·김승희 옮김), 샘터사.

이 책은 유아기의 버림받은 기억과 부모의 학대로 인하여 말을 하지 않고 울지도 않으며 세상에 대한 불신, 냉소, 증오, 분노와 폭력으로 정상적인 생활을 하지 못하는 여섯 살 난 아이가 특수교사의 관심과 사랑으로 세상에 대한 마음의 문을 조금씩 열어가는 이야기를 담고 있는 특수학급 교사의 실제 체험기이다. 부모의 방치와 학대가 한 어린 아이의 삶을 지배한다는 것을 보여주는 책이다.

3) 성인아이 치유를 위한 도서

베르벨 바르데츠키. 2002, 『따귀 맞은 영혼: 마음의 상처에서 벗어나는 방법』(장현숙 옮김), 궁리.

이 책은 게슈탈트 심리 치료자인 저자가 자신의 임상경험을 바탕으로 사람들의 마음의 상처를 깊이 있게 해부한 책이다. 사람들이 삶에서 느끼는 좌절감, 우울감, 분노, 수치심, 소외감이 어디에서 비롯되며, 서로 어떻게 연관되어 있는지, 삶에 어떤 영향을 미치는지 게슈탈트 심리치료이론에 입각하여 자세하게 다루고 있으며 임상사례도 제공하고 있다. 저자는 마음 상하는 상황에 대처하는 방법으로 마음 상했음을 고백하기, 관계를 끊는 대신 거리 두기, 자기 고유의 심리적 주제 인식하기, 자존감 확립하기 등의 해결책을 제시하고 있다.

변상규. 2002, 『어린시절 가정에서 입은 마음의 상처, 이렇게 치유하라』, 아침영성지도연구원.

이 책은 역기능가정에서 성장한 성인아이의 대표적 정서장애인 낮은 자존감, 열등감, 완전주의와 우울증을 진단하고 해결방안을 제시하고 있다. 더불어 저자의 인터넷상의 '아침치유상담실'을 통한 실제 치유사례를 소개하고 있다.

찰스 셀. 2002, 『아직도 아물지 않은 마음의 상처』(정동섭·최민희 옮김), 두란노.

이 책은 *Unfinished business: helping adult children resolve their past*를 번역한 책으로 극복되지 못한 과거의 상처를 갖고 살아가는 성인아이의 문제를 다루고 있다. 성인아이들이 겪는 감정을 묘사하고 그들이 상처받게 된 성장과정을 설명해줌으로써 성인아이들에게 도움을 주기 위한 책이다.

마음의 상처를 다루는 법을 제시할 뿐만 아니라 우울증이
나 수치심, 억압된 분노 또는 생활의 어떤 영역을 다스리는
데 어려움을 겪고 있는 사람들에게 기독교적인 인생관에
기초한 해답을 제시하고 있다.

데이비드 A. 시맨즈. 1999, 『상한 감정과 억압된 기억의 치
유』(송헌복·송복진 옮김), 조이선교회출판부.

이 책은 내적 치유의 성서적 근거로부터 시작하여 고통
스런 기억의 치유 과정을 여러 예화를 통해 알기 쉽게 안내
하고 있다. 상한 감정의 근원이 될 수 있는 억압된 기억을
치유하지 않고서는 이와 같은 삶을 누리는 것이 불가능하다.
이러한 문제들에 대한 권위 있는 해답을 들려주는 책이다.

이선애. 1997, 『잃어버린 나를 찾아서』, 조이선교회출판부.

이 책은 『위장된 분노의 치유』의 저자인 남편 최현주
목사와 결혼하여 살면서 많은 상처와 아픔을 겪고, 성인아
이였던 남편이 치유되는 경험을 함께 나누었던 기록을 담
고 있다. 저자는 전문(직업)상담, 목회상담, 대중상담, 예방
상담 등이 모두 도움이 될 수 있지만, 체면의식이 강하고

교육수준이 높은 한국인들에게 더욱 효과적인 것은 독서를 통한 상담, 즉 독서치료라는 주장을 한다. 저자는 정동섭 교수 부부의 상담과 독서치료의 도움을 받아 아픔을 치유해가는 과정을 진솔하게 고백하고 있다.

정동섭. 1994, 『어느 상담심리학자의 고백』, 한국기독학생회 출판부.

이 책은 역기능가정에서 성인아이로 자라나 대학시절 구원파에 빠져들었던 저자의 자기고백이 담긴 글이다. 과거 속에 숨어 있는 위로 받지 못한 내면의 아이를 가지고 있던 저자는 성인이 된 후에도 상처를 잘 받고, 부끄러움, 죄책감, 우울감을 잘 느끼며, 남의 부탁이나 초청을 쉽게 거절하지 못하며, 완벽주의적인 자신을 성인아이로 진단하며 치유된 경험을 적고 있다.

정태기. 2000, 『내면세계의 치유』, 규장문화사.

이 책은 무서운 아버지와 일중독자인 어머니 밑에 성장한 목회상담학자의 자기고백적인 내적 치유 안내서이다. 저자는 전문 목회상담학 교수로서의 권위적인 외피를 모두

벗어던지고 자신을 있는 그대로 드러내어 실제 치유모델을
제시하였다.

정태기. 2002, 『숨겨진 상처의 치유』, 규장문화사.

이 책은 폐쇄된 자아, 억압된 분노, 허위적인 체면의식
을 가지고 있는 인간의 내면을 들여다보고 인간관계에서 받
는 상처를 치유할 수 있는 방법과 지혜를 생생한 경험을 통
하여 제시하고 있으며 숨겨진 상처를 치유하는 방법으로 프
로이트와 아들러(Adler)와 기독교적 치유를 소개하고 있다.

주서택. 2002, 『결혼 전에 치유받아야 할 마음의 상처와 아픔
들』, 순출판사.

이 책은 내적 치유 세미나에 참석했던 1만 3,000여 명
의 간증문을 통해 가족간의 관계를 단절시키고 가정을 파
괴시켜가는 근본적 문제 여섯 가지를 선정하여 이에 대한
구체적 사례와 자세한 해결책을 들려준다. 성장하면서 가
정에서 생기는 상처는 우리에게 많은 영향력을 행사하고
자신도 모르게 자녀와 남편들에게 물려주므로 건강한 결혼
생활을 위해서는 결혼 전에 이 상처들이 치유되어야 한다

는 내용을 여러 사례들을 통해서 보여주고 있다.

주서택·김선화. 1997, 『내 마음 속에 울고 있는 내가 있어
요』, 순출판사.

이 책은 기독교적 관점에서 내적 치유 사례와 상담 대
화 그리고 치유 후의 성격과 생활의 변화를 다루고 있는
책이다. 버림받았다는 느낌으로, 자신의 존재가 초라하게
느껴져서, 두렵고 거부당한 아픔에, 어두운 죄악의 느낌에
시달려서, 용서하는 마음보다는 보복하고 싶은 생각이 가
득하고, 울분을 주체하지 못해 마음속으로 울고 있는 사람
들에게 보내는 치유의 메시지를 담고 있으며 여러 가지 질
문에 대한 답을 제시하고 있다.

주서택·김선화. 2002, 『엄마 가지마!』, 순출판사.

이 책은 『내 마음 속에 울고 있는 내가 있어요』의 후편
으로 C.C.C.(Campus Crusade for Christ) 내적치유 현장 사례서
이다. 이 사례는 외국 사례가 아닌 한국의 사례를 다루고
있는 것으로 특히 기독교인들에게 많은 공감과 감동을 불
러일으키는 책이다.

최현주. 1995, 『위장된 분노의 치유』, 규장문화사.

이 책은 성인아이였던 현직 목사의 생생한 자기고백을 담고 있는 글이다. 목사의 위치에 있으면서 자기 가족에게 억압된 분노와 폭력을 드러내었던 자신의 치부를 솔직하게 드러내고 역기능가정의 폐해를 극복하고 순기능가정을 이루어가는 과정을 솔직하게 고백하고 있다.

최현주. 1996, 『위장된 평화의 치유』, 규장문화사.

이 책은 성인아이였던 목사가 역기능가정과 성인아이에 대한 이해와 진단 그리고 치유와 예방에 대해서 경험을 바탕으로 상담자의 입장에서 객관적으로 쓴 글이다. 저자는 상담 과정에서 나이나 직업, 지위, 학력, 경제 수준에 상관없이 많은 사람들이 상처를 숨기고 평화로 위장하며 살아간다는 사실에 주목하고, 역기능가정과 성인아이에 대한 전반적인 견해와 함께 독서치료와 상담을 통한 치유를 이야기한다.

M. 스콧 펙. 2002, 『아직도 가야 할 길』(신승철·이종만 옮김), 열음사.

이 책은 '뉴욕 타임스 북 리뷰' 선정 최장수 베스트셀러인 *The Road Less Travelled*를 번역한 책이다. 정신과 의사인 저자는 풍부한 임상사례를 통해 고통스러운 현실을 벗어나기 위하여 끊임없는 훈련을 거듭하여 삶에 책임을 지고 진실에 헌신하고 균형을 맞출 것을 강조한다. 그는 사랑을 '다른 사람의 정신적 성장을 도와줄 목적으로 자기 자신의 경계를 확장해나가려는 노력'이라고 하여 사랑도 끊임없는 훈련에 의하여 이루어질 수 있다고 한다. 훈련과 사랑, 정신적 성숙에 대한 저자의 통찰력이 빛나는 이 글은 인간과 삶에 대한 이해를 새롭게 한다.

M. 스콧 펙. 1997, 『거짓의 사람들』(윤종석 옮김), 두란노

이 책은 정신과의사인 저자가 환자들의 정신분석과정에서 얻어진 임상적인 내용을 담고 있다. 저자는 '악은 자신의 병적인 자아의 정체를 방어하고 보전하기 위해서 다른 사람의 정신적 성장을 파괴하는 데 힘을 행사하는 것'이라고 정의하고 있다. 그는 이 책에서 무엇이 인간을 병들게 하는지를 집요하게 추적한다. 심리적·정신적 차원에서만 정신질환을 다루지 않고 그들을 병들게 한 가해자와 그들 배후에 있는 악의 실체를 추적해내고 있다. 정신질환의 예

방과 치료를 위해 쓰여진 책이다.

> 찰스 L. 휘트필드. 2000, 『잃어버린 자아의 발견과 치유: 역기
> 능가정에서 자란 성인아이의 발견과 치유를 위한 안내서』(김
> 용교·이인출 옮김), 글샘.

이 책은 미국에서 100만 부 이상 팔린 *Discovery and recovery for adult children of dysfunctional families*를 번역한 책이다. 저자 휘트필드는 어린 시절 무의식적으로 받은 부모의 영향과 사회적인 영향으로 인해 자신의 진정한 자아인 내재아(child within)가 부정될 때 거짓된 자아가 형성되고 피해의식과 정서적인 상처를 받게 되고 만성적인 두려움, 염려, 혼돈, 공허감, 그리고 낮은 자존감을 가진 성인아이로 자라게 된다고 한다. 이 책에서 저자는 잃어버린 자아, 상처받은 자아를 치유하기 위한 해결책을 제시하고 있다.

4
독서치료의 적용과 도서관의
독서치료 프로그램

1. 독서치료의 적용

앞 장에서 독서치료의 필요성과 가치에 대해서 살펴보
았다. 독서가 사람들에게 지식과 교양을 주고 치유효과까
지 준다는 것은 귀중한 발견이다.

독서를 통하여 자신이 가지고 있는 마음의 상처를 진단
하고 그 상처의 원인을 찾고 새롭게 변화되고 치유되는 기
쁨을 누리는 사람들이 많을수록 우리 사회는 더욱 건강한
사회가 될 수 있을 것이다. 그리고 자신의 행동과 삶 전반
에 커다란 영향을 미치는 큰 상처가 없는 사람이라 할지라
도 독서를 통하여 다른 사람들의 삶을 간접적으로 체험하

면서 그들의 상처와 삶을 이해할 수 있다. 뿐만 아니라 독서를 통하여 자신에 대한 존중과 사랑을 바탕으로 자아가 튼튼한 사람으로 변화될 때 사회생활에서 부딪히는 크고 작은 고난과 역경에서 좌절하지 않고 헤쳐나갈 수 있는 용기를 얻을 수 있을 것이다.

독서치료의 매력은 여기에 있다. 독서치료에 의한 치유 경험을 가진 사람은 자신의 치유에 머무르지 않고 자신은 세상에서 하나뿐인 소중한 존재임을 자각하고 자신뿐만 아니라 다른 사람을 존중하고 이해하는 마음을 가지게 된다.

어린 시절 자식에게 있어서 부모는 절대적인 존재이다. 자식은 성 역할이나 인간관계에 있어서의 모델을 부모에게서 찾으면서 성장한다. 역기능가정에서 상처를 받으면서 성장한 사람이 부모가 되어 그 상처가 무엇인지 또 상처를 어떻게 치유해야 하는지 모르고 살면서 가정이나 배우자에게 자신의 정서적·성격적 장애들을 발산할 때 그 가정은 또 다른 상처받은 사람을 양산하게 된다.

어린 시절의 상처들을 치유하지 못한 채 가슴 속에 묻어두고 지내는 사람들은 정서적으로 평안을 얻지 못할 뿐만 아니라 대인관계에서도 문제를 지닌 사람으로 살아가므로, 독서치료를 통하여 자신의 참된 자아를 발견하고 고통에서 자유로워지도록 하여야 한다.

여기에서 독서치료를 적용하는 방법에 대해서 살펴보자.

전통적으로 독서치료는 소설이나 시와 같은 문학작품들을 치료도구로 사용하였으며 그것을 읽어나가는 과정에서 동일화, 카타르시스, 통찰의 효과를 경험하게 된다고 보았다. 최근에는 문학작품 외에 논픽션 자료들이 새로운 자가치유서(self-help books)로 주목받고 있다.

특히 같은 시대를 살아가는 사람들의 생각과 문제, 아픔들을 현실감 있게 접할 수 있는 논픽션 자료들은 비슷한 상황에 처해 있는 사람들에게 문학작품보다 더 직접적인 치유효과를 거둘 수 있을 것이다.

자가치유서의 직접적인 효과는 책이 정신과 의사나 심리치료사의 상담기능을 일정 정도 수행해주는 데서 생기는 것[74]이라고 김정근 교수는 보고 있다.

파르덱은 독서치료 처방에 있어 픽션(fiction)을 사용하는 사람들은 정신역동적 개입을 중시하는 반면, 자가치유서를 사용하는 독서치료자는 일반적으로 인지행동적 접근에 근거한다고 하였다.[75]

---

74) 책읽기를 통한 정신치료 연구실, 『마음 아픈 이들을 위한 자가치유서 안내』, 부산대학교 문헌정보학과, 2003, 발간사.

그리고 다음의 접근법에 따라 자가치유서는 치유를 위한 탁월한 자원이 될 수 있다고 하였다.[76]

첫째, 자가치유서는 독서치료대상자가 임상적 문제를 해결하기 위하여 다양한 선택을 할 수 있도록 하는 기술로 사용될 수 있다. 이것은 전통적인 치유 접근으로 청소년기의 독서치료대상자에게 특히 유용한 전략이다. 둘째, 자가치유서는 치료 기간(session) 중에 독서치료대상자가 할 수 있는 구조화된 활동을 포함한다. 이 활동은 문제 해결을 할 수 있도록 용기를 북돋워주고, 독서치료대상자와 독서치료자 사이의 커뮤니케이션을 자극하고, 독서치료자가 자신의 감정을 인식하고 처리해나가는 것을 돕는다. 이런 활동들은 치료에 있어서 숙제나 그룹 활동의 일부분으로 정할 수 있다. 셋째, 자가치유서는 역할놀이를 자극하기 위해 사용될 수 있다. 독서치료대상자는 책에서 제시된 역할놀이 행동을 할 수 있거나 상황에 대처하는 방법들을 설명할 수 있다. 자가치유서를 읽은 후에 독서치료대상자는 책에서 사건을 처리하는 것과 다른 방식으로 문제의 대안을 생각

75) John T. Pardeck, *Using books in clinical social work practice: a guide to bibliotherapy*, Haworth Press, 1998, p.14.
76) John T. Pardeck, Ibid., pp.12-14.

할 수 있다. 넷째, 자가치유서는 의도성을 가지고 이용할 수 있는 상황에 따라서 범주화될 수 있다. 많은 자가치유서는 개인이 책을 구입해서 독서치료자의 도움 없이 치료 계획을 수행할 수 있도록 허용하는 형식으로 쓰여졌다. 이것은 상대적으로 사소한 문제에 직면하고 있는 사람에게 유용하다. 다섯째, 자가치유서는 치유과정의 모든 국면에서 독서치료자와 관련되어 있다. 많은 자가치유서는 치료의 일부분으로서 독서치료자가 사용할 수 있는 자기감독형태(self-monitoring forms), 활동과 연습, 특정 절차의 간단한 요약을 포함한다. 독서치료의 모든 접근처럼 자가치유서는 치료의 보조수단으로 사용하도록 되어 있다.

1) 개인독서치료

독서치료는 문헌정보학뿐만 아니라 정신의학, 심리학, 교육학, 사회복지학, 간호학 등 다른 분야의 기본지식이 전제되어 있을 때 더 효과를 거둘 수 있지만 상황에 따라서 책과 독자와의 상호 작용만으로도 치유효과를 거둘 수 있다.

사람은 불완전한 존재이므로 누구나 자신의 개인적 상처, 자기정체감에 대한 갈등, 일상에서 부딪치는 문제로 인

111

해 고통을 겪을 때가 있다. 이러한 고통에 직면하게 될 때 심리치료나 심할 경우엔 정신과 상담을 받지 않고서도 자신의 문제를 진단하고 치유할 수 있는 방법이 개인독서치료이다. 역기능가정에서 자란 성인아이 정동섭 교수 부부, 최현주 목사 부부, 미국의 토크쇼 진행자인 오프라 윈프리 같은 사람들은 독서를 통해서 여러 가지 정서적 장애와 마음의 상처에서 벗어나고 치유받을 수 있었다.

오프라 윈프리는 흑인 빈민가에서 미혼모의 딸로 태어나 이미 열네 살 때 조산아를 낳았고 20대에는 마약에 빠져 지내다가 고난을 극복하는 흑인여성들의 강인한 삶을 다룬 소설을 읽으면서 자신을 이겨낼 의지를 길렀다고 한다. 윈프리는 인생의 실패자가 될 뻔했던 위기를 독서를 통하여 극복할 수 있었다. 윈프리는 지난 해 "미국을 또다시 책을 읽는 나라로 만들겠다"고 선언한 뒤 북클럽을 조직하고 미국에서 가장 영향력있는 책 전도사 역할을 하고 있다.

그 외에도 네 살 때 엄마가 고속도로에 자신을 버리고 남동생과 함께 떠나가버렸던 기억을 마음의 상처로 가지고 있으면서 또다시 버림받지 않기 위하여 알코올·마약 중독자 아버지의 신체적 학대 속에서 살아가던 여섯 살 난 아이의 경우도 있다. 정상적인 가정에서 성장한 아이라면 자연스럽게 알게 되는 사랑, 신뢰, 애처로움과 같은 개념을 이해하지 못한 것은 너무도 당연하다. 그러다가 담임교사가 읽어주는 어린왕자의 이야기를 통하여 사랑과 관심으로 '길들이는' 인간과의 관계를 이해하고 자신의 얼어붙은 마음을 조금씩 치유해가는 기록[77]도 독서치료의 사례로 볼 수 있다.

독서치료는 시간적, 공간적 제약을 덜 받으면서 자신의 독서능력과 수준에 맞는 책을 선택해서 할 수 있는 방법이다. 특히 지적 수준이 높지만 내성적이거나 부끄러움을 많이 타고 대인관계에 어려움을 갖고 있는 사람들 같은 경우 처음부터 자신의 성격적 결함이나 상처를 타인에게 노출시키지 않으면서 상처를 진단하고 치유하기에 좋은 방법일 것이다. 개인독서치료를 통해 자아정체감을 확립한 후 그 연장선상에서 그룹독서치료로 옮겨가는 것도 좋을 듯하다.

이 방법은 독서치료를 이끌어 갈 리더가 없는 상태에서 개인의 자발적 책 선정이나 '상황별 독서목록'에 의존해서 하는 것이므로 지속적인 치유가 되려면 개인의 의지가 무엇보다 중요하다. 도서관에서는 이들을 위해 상황별로 적

---

77) 토리 L. 헤이든, 『한 아이』(주정일·김승희 옮김), 샘터사, 1982, 123-131쪽.

절하게 활용할 수 있는 독서목록을 개발하여 이용자가 접
근하기 쉬운 곳에 비치해두어야 할 것이다. 그리고 정서적
장애를 겪고 있는 사람들의 상담이 이루어지고 있는 교내·
외 상담기관에도 상황별 목록을 배포하여 이용자들이 도서
관의 자료를 이용하지 않아도 책을 통한 치유경험을 얻을
수 있도록 정보원을 개발하고 제공하는 것이 필요하다.

2) 그룹독서치료

　　개인적으로 치유경험에 이르게 하는 개인독서치료에 비
해 일반적으로 많이 채택하고 있는 독서치료는 그룹독서치
료이다. 이 그룹독서치료는 독서치료 자료를 공유하면서
참여자들이 토론하는 과정에서 상호 작용이 일어나 자신과
다른 사람을 이해하고 수용할 수 있으며 자신의 문제를 객
관화함으로써 치유에 쉽게 이르게 하는 방법이다.
　　파르덱은 레크리에이션 그룹, 교육적 그룹, 치료적 그룹,
개인성장그룹의 4가지 군으로 나누어 그룹독서치료를 설명
하고 있으며 치료그룹은 그룹 구성원의 무의식적 동기와 행
동의 변화를 다루는 시도로 가장 진보된 형태라고 한다. 그
리고 이 그룹요법은 장기간에 걸친 것이며 심각한 정서적

장애를 가지고 있는 치료대상자가 포함되어 있다고 한다.

그는 그룹독서치료의 특성을 다음과 같이 열거하고 있다.[78]

첫째, 개개인에 대한 긍정적인 사고를 증가시키고 긍정적인 사고는 자기존중감으로 이어진다. 둘째, 모든 그룹 구성원들을 성장시키는 과정인 자유로운 표현을 촉진시킨다. 셋째, 그룹독서치료를 통해 자신의 태도와 행동을 분석하는 것을 배우며 이 과정은 그룹요법에 있어 아주 중요한 것이다. 넷째, 그룹독서치료를 통해 독서치료대상자는 개인의 문제에 대한 해결책을 발견하고 미래에 그 문제들을 효과적으로 처리하기 위한 전략을 개발시킬 수 있다.

루빈(Rhea Joyce Rubin)은 심리학자와 사회학자들의 견해를 종합하여 그룹역학의 원리를 다음과 같이 제시하고 있다.[79]

첫째, 상호 작용이 물리적이지만 꼭 말로 표현될 수 있는 것은 아니다. 다른 사람들이 목격하고 있는 행동을 숨기거나 부정하는 데 에너지가 든다. 둘째, 강요된 인식(awareness)은 보통 바람직하지 못하다. 셋째, 상호 신뢰와

---

78) John T. Pardeck, Ibid., 1998, pp.26-29.
79) Rhea Joyce Rubin, op. cit., 1978, p.48.

그룹에 대한 수용은 인식을 증가시킨다. 넷째, 하나의 그룹은 그 그룹 자체의 일치된 압박감을 초래한다. 다섯째, 갈등과 일치는 모든 그룹에 있어 강력한 원동력이다. 여섯째, 그룹은 구성원들을 공격하고 대치함으로써 긴장감을 고조시킬 수 있다. 지지, 유머, 애정을 통해 긴장을 완화시킬 수 있다. 일곱째, 어느 정도의 긴장이 학습에 필요하지만 지나친 긴장은 학습을 감퇴시킨다. 여덟째, 동료들간의 수용은 자기가치감을 위해 필요하다. 다른 구성원들만이(리더는 제외) 그것을 제공할 수 있다. 아홉째, 그룹 내에서와 독서자료 내에서 인간관계 자체가 학습도구가 될 수 있다. 참여자들은 개인적 차이, 공통적으로 사용되는 방어기제, 감정의 영향, 행동에 대한 욕구, 기타 중요한 것들에 대한 가치들을 배운다. 끝으로, 그룹 참여는 그룹역학, 사회적 상호 작용, 독서치료에 사용된 매체의 내용에 대한 토론으로 이루어진다.

　현재 민간차원에서 이루어지고 있는 독서모임인 신성회는 대표적인 그룹독서치료를 실현하고 있는 곳으로 그룹독서치료에 있어 훌륭한 모델이 되고 있다. 신성회는 처음 20명의 주부가 참석하여 12년간 지속되어오는 독서모임으로, 책을 만남으로써 남편과의 갈등이나 정신질환에 걸린 조카

와의 관계에서 전환점을 맞고 책이 정신적으로 고통받는 사람들에게 유용한 도움을 준다는 것을 체득한 이영애 실장이 중심이 되어 정신건강을 위한 독서치료모임으로 운영되고 있다.

문헌정보학계에서 이루어지는 독서치료모임으로는 부산대학교 문헌정보학과를 중심으로 이루어지는 책·정·연80) 모임이 있다. 이 모임은 독서치료 관련 책을 선정해서 읽고 함께 토론함으로써 사서직과 정신보건의 문제를 연결시키기 위한 노력을 하고 있으며 이 과정에서 독서치료에 대한 지식의 습득뿐만 아니라 개개인이 치유되는 경험을 공유하고 있으므로 그룹독서치료의 한 형태라고 할 수 있다.

그리고 도서관 현장에서 이루어지는 독서치료모임으로는 울산 남부도서관의 독서치료 프로그램의 신설·운영을 위한 사전 연수모임을 예로 들 수 있다.81) 이 사례는 2003년 도서관 주간의 독서치료 관련 목록 발간과 독서치료 프

---

80) '책읽기를 통한 정신치료 연구실'의 줄임말로 2002년부터 부산대학교 문헌정보학과 김정근 교수와 관심 있는 대학원생들을 중심으로 월 1회 이루어지는 독서모임이다. 정신분석학 관련 도서뿐만 아니라 마음의 상처와 치유를 다루는 책을 읽고 토론하는 독서치료의 장이 되고 있다.

81) 송영임, 「정신보건을 위한 공공도서관 역할 연구: 독서치료의 적용과 관련하여」, 석사학위논문, 부산대학교 대학원, 2003, 68쪽.

로그램을 위한 사전 작업으로 현직 사서들에 의해 자발적으로 운영되는 독서치료모임이라는 데에서 그 의미를 찾을 수 있다. 그리고 이 모임의 결실로 2003년 4월에는 팜플렛 형태의 『마음 아픈 이들을 위한 자가치유 도서목록』이 발간되었다.

이러한 독서모임을 통해 서로의 상처를 드러내고 읽은 책을 중심으로 토론하고 상담하는 과정에서 공감대가 형성되고 치유가 일어나서 건강한 삶으로 변화될 수 있는 것이다.

2. 도서관의 독서치료 프로그램

독서치료가 상처 입은 사람들의 진단과 치유를 위한 사적 모임으로서도 효과를 거둘 수 있지만 도서관과 사서가 주도적으로 독서치료 프로그램[82]을 개발하고 독서치료를 주관할 때 그 파급효과는 더 커질 것이며 지속적인 발전을 이룰 수 있을 것이다.

도서관에서 전문지식과 경험을 갖춘 독서치료사서가 주

---

82) 이하 '치료 프로그램'이라 칭함.

도하는 치료 프로그램을 만들기에 앞서 독서치료의 세 가지 요소라고 할 수 있는 치료대상, 치료도구, 치료자에 대한 검토와 분석이 필요하다.

먼저 도서관에서 주관하는 치료 프로그램을 마련하기 위한 단계별 작업은 다음과 같다. 도서관에서 할 수 있는 독서치료는 그룹독서치료이며 그룹독서치료의 특성상 참여 인원과 기간을 미리 정해두는 것이 필요하다.

첫째, 도서관 내부에서 선정한 상처의 진단과 치유를 위한 목록을 가지고 사서들간의 독서치료모임이 선행되어 자료 선정의 적절성과 자료의 치유효과에 대한 검증작업과 더불어 구체적인 프로그램 진행방법에 대한 토론이 선행되어야 한다. 둘째, 독서치료모임의 필요성에 대한 안내자료를 설득력 있게 제시하고 독서치유를 희망하는 사람들의 지원을 받는다. '정서적 장애'와 '성격장애'와 같은 일반인에게 거리감이 있는 단어들을 지양하고 누구나 공감할 수 있고, 유인하는 힘이 있는 단어를 선택하는 것이 필요하다. 가령 '마음이 아픈 사람들을 위한', '상처 입은 내 마음을 달래기 위한', '내면의 평화를 위한' 같은 부담스럽지 않은 표현이 바람직할 것이다. 셋째, 치유과정이 일어나려면 먼저 마음의 병의 원인을 알아내는 작업이 필요하다. 치료 프

로그램 신청자를 대상으로 성격유형검사(MBTI)[83]와 같은
심리검사나 설문조사를 해서 치료대상자의 성격이나 정서
장애, 마음의 상처들을 파악하는 기초자료로 활용한다. 넷
째, 치료 프로그램 신청자의 마음의 상처와 관련 있는 목록
을 선정하여 치료도구로 사용한다. 처음부터 딱딱한 이론
서를 사용할 경우 흥미를 떨어뜨리므로 현실감이 있고 상

---

83) MBTI는 'Myers-Briggs Type Indicator'의 머리글자만 딴 것으로
칼 구스타프 융(Carl Gustav Jung)의 성격유형이론을 근거로 캐서린
브리그(Catharine C. Briggs)와 그의 딸 이사벨 브리그 마이어(Isabel
Briggs Myers), 그리고 손자인 피터 마이어(Peter Myers)에 이르기까
지 무려 3대에 걸쳐 70여 년 동안 계속적으로 연구·개발한 인간이해
를 위한 성격유형검사이다. MBTI 검사지는 모두 95문항으로 구성되
어 4가지 척도의 관점에서 인간을 이해하려고 한다. 그리고 그 결과
는, E(외향)-I(내향), S(감각)-N(직관), T(사고)-F(감정), J(판단)-P(인식)
중 각 개인이 선호하는 네 가지 선호지표를 알파벳으로 표시하여(예:
ISTJ) 결과 프로파일에 제시된다. MBTI의 성격유형은 16가지 유형
으로 나타날 수 있다. MBTI는 그동안 상담과 심리치료에 유용한 도
구로 사용되어왔으며 특정 영역의 심리, 정신병적 진단을 위한 것이
아니라 자신의 성격유형을 좀더 잘 이해하기 위한 성격검사라는 점
에서 좀더 다양한 영역에서 긍정적으로 받아들여지고 있다. 우리나
라에서 현재 사용되고 있는 MBTI는 문화적 차이를 고려한 번역과
정 및 엄격한 표준화과정을 거쳐 1990년부터 사용되어지고 있으며
검사 해석의 전문성과 검사 사용의 윤리성을 유지하기 위해 사용자
를 위한 전문교육이 제공되고 있으며 이러한 전문교육을 받은 사람
들에 의해 실시되며 온라인 검사를 실시하기도 한다. http://gj.or.kr/
didimdol/new_/program_infor/mbti.html 참조.

황에 적용 가능한 논픽션 자료부터 시작하는 것이 도움이
될 것이다. 다섯째, 모임에 참석하는 사람들의 독서능력이
나 상황에 따라서 달라지겠지만 1~2주에 한 번 정도 미리
정해진 자료를 읽고 참여자 모두가 책의 내용에 대한 이해
와 느낌을 토론하는 방식으로 진행한다. 분위기를 조성하
고 치료 프로그램을 이끌어가는 사람은 사서이지만 사서는
그 모임의 보조역할을 하고 중립적인 입장을 취하는 것이
좋다. 여섯째, 정해진 기간이 끝나고 난 뒤 독서치유 전과
후의 변화를 글로 표현하는 작업을 가지고 그 자료는 다음
치료 프로그램을 위한 참고자료로 활용한다. 일곱째, 치료
프로그램을 진행하면서 개선 또는 보완해야 할 점을 메모
하여 치료 프로그램의 매뉴얼로 활용한다. 때에 따라서 각
개인에 관한 기록을 유지하여 치유과정을 확인하고 치유모
델로 삼을 수 있을 것이다.

이제 독서치료를 적용하는 데 있어 치료도구에 해당하
는 상황별 목록과 치유자로서의 사서에 대해서 살펴보자.

1) 독서치료를 위한 자료개발

(1) 자료의 선정원칙

콜먼(M. Coleman)과 가농(L. H. Ganong)은 독서치료를 위한 책을 선정할 때에는 몇 가지 기준을 고려해야 한다고 말한다.[84]

첫째, 책의 수준이 치료대상자의 독서능력과 맞아야 한다. 너무 어려운 책은 치료대상자가 읽을 수 없을 것이다. 또 너무 단순한 책은 독자들을 모욕하는 것이 될 수도 있다. 둘째, 책이 다루고 있는 이슈와 문제의 수가 고려되어야 한다. 그리고 많은 이슈를 다루고 있는 책의 질이 전반적으로 더 낮다. 독서치료대상자 역시 그들 자신의 경험과 비슷한 책을 더 많이 읽을 것이다. 셋째, 제공되는 충고의 질이 고려되어야 한다. 대부분의 독서치료자의 목표처럼 가능한 한 많은 해결책이 제시되는 것이 이상적이다. 그래서 독서치료자의 지원 아래 독서치료대상자는 직면하고 있는 문제의 개개의 해결책에 이르는 독서치료적 접근을 이용할 수 있다. 넷째, 그 책에서의 문제가 얼마나 사실적으로 묘사되었는지 고려되어야 한다. 이 점은 치료도구로 소

---

84) John T. Pardeck, Ibid., 1998, p.9.

설을 이용할 때 가장 중요한 점이다. 균형이 잘 잡힌 관점이 매우 중요하다. 어떤 문제를 위한 현실적인 해결책이 그 책에서 제시되어야 한다. 다섯째, 그 책의 논조(tone)가 고려되어야 한다. 독서치료에 사용되는 책은 도덕적 판단을 피하는 것이어야 한다. 가능하면 양질의 유머를 가지고 있으면 좋다.

로젠(G. M. Rosen)은 특히 논픽션의 자가치유서에 있어서 치료적 개입을 위하여 책을 선택할 때 보조 기준을 덧붙인다. 그는 독서치료자는 치료에 있어 책을 사용하기 전에 다음의 질문을 점검해야 한다고 제안한다.[85]

첫째, 자가치료 프로그램으로서 그것을 정의하는 책의 제목에 어떤 주장이 있는가? 둘째, 그 책이 자가치료 프로그램을 경험에 입각해서 지원한다는 면에서 정확한 정보를 전달하는가? 셋째, 그 책이 자기 진단을 위한 기반을 제공하고, 평가할 진단방법을 가지고 있는가? 넷째, 그 책에 있는 치료 테크닉이 경험에 입각한 지원인가? 다섯째, 그 책이 임상적 효험을 위해 테스트된 적이 있는가? 여섯째, 위의 질문에 비추어서 그 책의 저자의 주장이 정확한가? 일

---

85) John T. Pardeck, Ibid. pp.9-10.

곱째, 리뷰를 가진 도서와 비슷한 주제의 다른 자가치유서 사이에 비교를 할 수 있는가?

위의 기준을 엄격하게 적용하는 것은 어렵지만 독서치료사서가 치유를 위한 도서를 선정할 때 참고로 하여야 할 것이다. 독서치료과정에 있어서 치료대상자의 독서능력과 지적 수준을 먼저 고려하여야 하므로 자료를 읽어내는 데 문제가 있는 사람들은 어휘 수가 적으면서 흥미 있는 자료나 기타 다른 매체를 활용하는 것도 고려하여야 한다.

⑵ 상황별 목록 개발

대부분의 사람들은 크든 작든 마음의 상처를 가지고 있고 때때로 치유되지 않은 상처나 정상적으로 처리하지 못한 억눌린 감정의 표출로 인하여 사회생활에서 어려움을 겪거나 대인관계를 원만하게 유지하지 못할 때가 있다.

사람들이 마음속에 가지고 있는 상처는 과거 어린 시절의 치유되지 못한 기억에서부터 가정폭력, 성적·언어적 학대, 입시경쟁에서 제대로 해소하지 못한 청소년기의 억압과 갈등, 빈곤, 부모의 중독, 질병이나 이혼으로 인한 경제적·정서적 결핍상황, 사회생활에의 부적응 등 그 모습이 다양하다.

모든 질병에 원인이 있듯이 마음의 병, 마음의 상처에도 그 원인이 있고 그에 따른 해결책도 있을 것이다. 단지 신체적 질병처럼 질병의 증상에 따른 처방만으로 마음의 상처는 쉽게 아물지는 않지만 책은 치유로 향하는 길을 제공해줄 뿐만 아니라 치유에 이르는 기간을 단축시킨다.

여기에 도서관의 특별한 역할이 있는 것이다. 도서관은 지식과 교양자료를 이용자에게 제공할 뿐만 아니라 이용자의 상처와 정서적 장애들을 진단하고 치유해줄 수 있는 책을 제공함으로써 이용자의 정신건강에 기여할 수 있다. 그러므로 이용자의 정신건강을 강화하고 일상생활에서 부딪히는 문제에 슬기롭게 대처하고 심리적 상처를 예방할 수 있는 자료들을 상황별로 개발하여 치료도구로 사용할 수 있도록 하는 것이 바람직하다.

도서관이 치료도구로서의 자료를 지속적으로 개발하여 제공하는 것이 독서치료의 첫 걸음이기 때문이다.

현재 독서치료에 적용할 수 있는 상황[86]별 독서목록은

---

86) '상황'에 대한 사전적 정의를 보면 『동아국어대사전』, 동아출판사, 1988에서는 "어떤 일의 되어가는 과정이나 상태, 형편"으로 되어 있고, *Longman Active Study Dictionary of English*, Longman Group UK Limited, 1991에서는 ① 어떤 일이나 사람이 처해 있는 조건이나 상태 ② 어떤 일이 성사되기 위하여 반드시 요구되는 무엇 ③ 무슨 일이 생기면 그때 반드시 동반해서 일어나게 되거나 일어나게 되어 있

서구사회만큼 다양하고 체계적으로 개발되어 있지 못하다. 현재 미약하지만 개발되어 있는 상황별 독서목록을 살펴보면 다음과 같다.

한국도서관협회.『상황별 독서목록: 아동·청소년편』

이 서지는 1999년 한국문화예술진흥원의 지원으로 한국도서관협회에서 연구·개발한「국민독서문화 진흥을 위한 독서서지정보 시스템」의 목록 부분으로, 도서관을 포함하는 각종 독서지도 현장에서 유용하게 활용하도록 제작하여 보급한 것이다. 이것은 아동과 청소년들을 대상으로 그들이 어떤 동기로 어떤 상황에서 책을 읽고 싶어하는지 그들의 경험에 의한 독서상황과 상황에 따른 도서를 조사하였다. 이러한 조사를 바탕으로 연구팀은 독서하고 싶은 상황을 크게 네 가지로 분류하였으며 이 상황들은 다시 15개

는 어떤 것 ④특정한 장소나 시간내에서의 일이나 사람의 상태 등으로 되어 있다. 또 어떤 사람이 처해 있는 조건이나 상태를 나타내기 위하여 사전에서 제시한 본 단어의 사용 예를 보면 주로 건강이나 마음의 상태 등과 관련되어 쓰이고 있다. 이것을 참고로 하여 독서상황은 "어떤 사람이 책을 읽거나 읽고자 할 때 처해 있는 정신 및 신체적 상태나 조건 혹은 사회적인 입장이나 여건"이라고 정의내릴 수 있다. 한윤옥 외,『상황별 독서목록』, 한국도서관협회, 1999, 부록-1. 상황별 독서목록 작성법에서.

내외의 소상황으로 세분되었다. 그리고 이 상황에서 어떤 책을 읽도록 할 것인지 각 상황에 적합한 도서를 선정하기 위하여 아동과 청소년의 설문조사에서 나온 책들을 기본으로 하여 연구팀이 그들 도서를 분석하고 검토하였으며, 이들은 다시 문화관광부의 우량독서목록이나 각종 독서 관련 교육기관에서 발행한 추천독서목록의 도서들과 비교·검토되었다. 요컨대 상황별 독서목록은 독자 자신들에 대한 설문조사, 연구위원들의 상황 및 추천도서 분석, 기존의 추천독서목록에 나타난 도서들과의 비교 과정을 거쳤다.[87]

이 독서목록은 독서치료를 위한 목적으로 개발한 독서목록은 아니지만 독서문화의 증진을 위하여 한국문화예술진흥원과 한국도서관협회가 특별연구팀을 구성하여 독서상담과 독서정보를 제공하는 시스템을 개발하였다는 점에서 의미가 있으며 여기에서 다루어진 상황을 참고로 하여 독서치료를 위한 목록을 개발하는 데 기초자료로 삼을 수 있을 것이다.

부산대학교 문헌정보학과. 『마음 아픈 이들을 위한 자가치유

---

87) 한윤옥 외, 『상황별 독서목록』, 한국도서관협회, 1999의 머리말 참조.

서 안내』

이 자료는 2002년 2학기 부산대학교 대학원의 독서치료 강의시간에 채택된 22권의 자가치유서에 대하여 강의 참여자의 치유경험을 적은 보고서를 학기논고집으로 출간한 자료이다. 많은 책을 다루고 있지는 않지만 자가치유에 관한 정선된 목록이라는 점에서 의미가 있으며 책의 초록과 개인적 느낌, 선정한 책으로 도움을 받을 수 있는 대상을 제시하고 있다.

신성회. 『책읽기를 통한 치유』

이 책은 10년간 정신 건강에 대한 문제의식을 가지고 독서모임을 통하여 치유를 모색해온 신성회의 경험과 성과가 그대로 녹아 있는 책이다. 독서치료의 필요성과 중요성 뿐만 아니라 독서상담사례, 그리고 독서치료를 통하여 검증된 자가치유서의 목록까지 제시되었다는 점에서 의미가 깊다. 이 책에서는 자기수용·인간관계, 대인관계·대화법, 상담·심리학, 내적 치유, 우울증, 성인아이·알코올 중독, 정신분열증, 그밖의 정신병, 혼전 상담·배우자 선택, 행복한 가정생활, 성 문제·이혼, 부모의 역할·자녀교육, 심신장애

아를 둔 부모, 기타로 나누어 상황별로 도움을 받을 수 있
는 목록을 제공하고 있다.

창녕도서관. 『마음을 치유하는 책들 모음』과 『마음을 움직이
는 책들』

이 상황별 목록은 지역주민에게 정신건강에 대한 관심
을 유도하고 독서치료 영역을 현장에 적용시키기 위하여
사서진의 의도적 노력으로 발간된 독서목록이다. 2002년 4
월 도서관 주간에 『마음을 치유하는 책들 모음』이라는 제
목으로 발간하였고 2002년 9월 독서의 달에 내용을 좀더
보강하여 『마음을 움직이는 책들』이라는 제목으로 발간하
였다. 이 목록에는 알코올 중독자와 가족들을 위한 책, 성
폭력으로 상처받은 아이들을 위한 책, 시설아동들의 마음
의 상처를 치유하는 책, 우울증 치유를 돕는 책, 스트레스
받은 사람들을 위한 책, 삶이 덧없이 느껴질 때 마음을 위
로하는 책으로 그 상황에 맞게 선정된 상황별 목록을 싣고
있다. 이 목록은 노란색 띠로 별도 구분하여 도서관 로비에
비치하여서 이용자들의 활발한 이용을 유도하고 있다.

울산 남부도서관의 『마음 아픈 이들을 위한 자가치유 도서목록』

이 독서목록은 2003년 도서관 주간을 맞이하여 팜플렛 형태의 목록으로 발간한 것으로 254종의 도서관 소장목록을 담고 있다. 공공도서관에서 지역 주민의 정신 보건을 위하여 치유관련도서들을 개발하고 목록으로 발간하여 공공도서관의 새로운 서비스를 창출하였다는 점에서 의미가 깊다. 이 목록은 2003년 독서치료 프로그램의 신설·운영을 위하여 2002년 11월부터 사전 사서연수모임을 한 결실이다. 이 사서연수모임의 사서들은 1주에 1권씩 독서치료 관련 책들을 읽고 토론을 한 결과 '마음의 상처를 이해하는 책'과 '마음의 상처를 치료하는 책'으로 나누어 국내에서 출간된 책들을 소개하고 있다. 이 목록의 후속작업으로 2003년 9월 『마음 아픈 이들을 위한 자가치유 도서목록 제2호』를 발행하였다. 이 독서목록에는 일반인을 대상으로 하는 도서 347종과 어린이 대상의 도서 174종을 합하여 총 521종의 도서가 소개되었다. 이 도서들은 종합자료실에 별도 비치하여 이용되고 있다.

서구사회에서는 상황별로 세분하여 대상자별, 상황별 독서치료서가 많이 개발되어 있어 그런 치유서들이 마음의 병을 앓고 있는 사람들의 정신건강에 기여하고 있다. 아직 활발한 독서치료가 이루어지지 않고 있는 우리의 현 상황에서 상황별 독서목록을 만들기 위해서는 온라인 서점에서 키워드로 탐색하여 목록을 작성하는 것도 하나의 방법이 될 수 있다. 온라인 서점에서는 서지정보뿐만 아니라 언론매체의 서평, 고객들의 서평까지 탐색할 수 있어서 자료를 평가하는 도구로 활용할 수 있다.

한윤옥은 최근 연구[88]에서 상황별 독서목록을 만들기 위한 기초작업으로 독서치료대상자의 상황을 분석할 수 있는 기준과 분류체계를 제시하였다. 그 기준에 따르면 1차적 기준은 생물학적 요소로서의 성별과 연령(소년기 및 청소년기, 성년기 및 장년기, 노년기)으로, 2차적 기준은 독서치료자가 속한 공간[가정(고아원, 양로원 등의 특수시설), 학교, 직장]으로, 3차적 기준은 공간에서 맺게 되는 인간관계로 보고 있다.

---

88) 한윤옥, 「독서치료를 위한 상황별 독서목록의 기초적 요건에 관한 연구: 상황설정 및 분류체계와 관련하여」, 《한국문헌정보학회지》, 제37권 제1호(2003. 3), 5-25쪽.

앞으로의 과제는 우리나라 상황에 맞는 상황별 독서목록 자료를 체계적으로 만들어가는 것이다. 학계와 도서관 현장에서 독서치료에 대한 연구와 적용이 활발하게 이루어져서 우리나라 상황에 맞는 자료들, 치유효과가 뛰어난 검증된 도서들을 상황별로 구분하여 그 목록을 이용자에게 제공하여야 할 것이다.

2) 치유자로서의 사서의 자질과 훈련

(1) 사서의 자질

치유자로서의 사서의 역할은 책에 관한 지식과 경험을 바탕으로 치유받고자 하는 의지를 가진 독서치료대상자에게 참여자가 처한 상황에 적절하게 적용할 수 있는 도서를 선택하여 제공하고 치유과정에 길잡이 역할을 해주는 동시에 조력자 역할을 할 수 있어야 한다.

독서치료를 이끌어가는 사서들에게 필요한 자질은 전문적인 배경보다는 품성이라고 한다. 훌륭한 독서치료자는 어느 특정 분야의 전문가에만 속하는 것이 아니라 심리학, 정신의학, 문헌정보학, 사회복지학, 간호학 등의 다양한 분야의 의욕적이고, 훈련된 전문가여야 한다.[89]

이것은 독서치료가 이론적인 전문가에 의해서가 아니라 인간 본성에 대한 이해와 사람에 대한 애정, 삶의 지혜를 가지고, 교육과 훈련을 거친 현명한 사람에 의해서 행해질 때 좋은 치유효과를 거둘 수 있음을 의미한다. 신성회의 상담정보실장인 이영애의 경우 학교에서 상담심리나 문헌정보학을 공부한 사람이 아니지만 훌륭한 독서치료자로서의 역할을 수행하고 있다. 독서치유의 효과는 주도하는 사람보다는 책의 내용, 책의 치유하는 힘에 달려 있다고 볼 수 있다.

결론적으로 독서치료를 담당할 사서는 치료대상자가 처한 상황에 적절하게 적용할 수 있는 자료를 선별하는 안목을 가지고 있고 인간에 대한 따뜻한 애정을 가지고 있으며 참여자와 커뮤니케이션을 잘할 수 있는 능력을 가진 몸과 마음이 건강한 사서라고 할 수 있을 것이다.

(2) 사서의 훈련

최근 들어 독서지도, 독서치료에 대한 관심이 부쩍 높아지고 있으며 독서치료를 담당할 사서의 훈련의 장이 새롭게 마련되고 있다.

---

89) Rhea Joyce Rubin, op. cit., 1978, pp.103-104.

　　현재 연세대학교, 숙명여자대학교, 충남대학교, 부경대
학교, 신라대학교 등의 평생교육원이나 사회교육원에서 독
서치료사를 양성하는 단기과정이 개설되어 있고 성균관대
학교에서는 1년 단위의 독서치료 전문가과정이 개설되어
있어 독서치료전문가들을 양성하고 있다. 그리고 국내의 10
여 개 학교나 단체에서 독서지도자 양성과정을 개설하고 있
으며 그 과정 내에서 부분적으로 독서치료를 다루고 있다.

　　이들 기관들이 단기간 강습을 통하여 독서치료사나 독
서지도사 자격을 주는 것이 교육의 충실도 및 자격증의 남
발 측면에서는 바람직하지 않은 부분이 있지만 독서와 독
서치료에 대한 인식의 기반을 넓힌다는 의미에서는 긍정적
인 발전이라고 할 수 있다.

　　독서치료를 전문으로 담당하는 전문사서90)를 양성하기
위해서는 문헌정보학과 학부 과정에서도 독서의 치유력에
대한 마인드를 키우기 위하여 독서치료 관련 과목이 정규
교과목으로 다루어져야 할 뿐만 아니라 독서치료과정이 대
학원의 전공과목으로 다루어져야 한다. 이런 교육의 기반
위에 책을 통한 인간의 이해, 독서치유력의 경험 등이 어우

---

90) 김정근 교수는 '정신보건사서(mental health librarian)'라 칭함.

러져 좋은 독서치료사서를 길러낼 수 있을 것이다.

더불어 독서치료에 대한 관심이 고조됨에 따라 현직사
서들의 재교육도 추진되어야 한다. 국립중앙도서관의 직무
연수 프로그램에 독서치료 관련 과목이 추가되고 단위 도
서관 내에서의 사서들간의 독서치료 관련 자체 세미나도
활성화되어야 한다.

5
독서치료 활성화 방안

앞에서 대부분의 사람들이 마음의 상처와 각종 정서적 장애들을 가지고 있으며 국민 3명 중 1명 정도가 니코틴이나 알코올 중독을 포함한 각종 정신질환으로 고통받고 있음을 이야기하였다. 그리고 어린 시절 극복되지 못한 과거의 상처로 인하여 겉으로는 정상적인 생활을 하는 듯 보이지만 한계상황에 부딪쳤을 때에는 성숙한 성인의 모습을 잃어버리고 성인아이의 모습을 보이는 사람들을 주변에서 흔히 볼 수 있다.

우리 인간은 모두 치유받아야 할 미성숙한 존재이다. 독서를 통한 치유는 단기간에 이루어지는 질병의 치료와는 다르므로 지속적으로 마음의 상처를 진단하고 치유해가야 하는 긴 여정이다.

그러므로 독서치료는 어느 일정 기간 일회적으로 이루어지는 이벤트성 행사가 아니라 훌륭한 자원의 보고인 도서관의 새로운 서비스 영역으로 개발해나가야 할 것이다. 독서치료를 활성화할 수 있는 방안들은 다음과 같다.

1. 사서들의 자체 독서치료모임 운영

독서치료를 담당할 전문인력이 양성되어 있지 않은 현 상황에서 사람들의 정신을 건강하게 하고 살찌우게 하는 좋은 자료들을 소장하고 있는 도서관에서 근무하고 있는 사서들은 다른 어느 직군보다 양질의 자료에 접근할 기회가 많다. 이제는 사서들이 책의 서지정보만을 다루는 수준을 넘어 책의 내용(content)으로 들어가야 한다. 사서들이 마음의 상처의 근원을 이해하고 그 치유를 다루는 책들을 미리 접하고 이해하는 과정을 거쳐 치유효과를 줄 수 있는 책을 선별하여 사서들의 자체 독서치료모임을 운영하여 독서치료에 대한 인식의 기반을 조성해가는 것이 필요하다.

독서치료는 한 개인 차원의 독서행위로 이루어질 때보

다 그룹으로 상황에 적절한 자료를 선정하여 토론과 상호
상담으로 이어질 때 참여자간의 상호 작용이 일어나고 치
유의 효과도 상승하는 것이다. 사서들의 이런 모임은 도서
관의 독서치료 프로그램을 개발하는 사전 작업으로 활용할
수 있을 것이다.

2. 도서관의 상황별 목록 개발과 별도 코너 마련

아직 우리나라에서 상황별로 적용할 수 있는 치유서가
별로 개발되어 있지 않으므로 우리 실정에 맞는 치료 관련
자료들을 적극 개발하여 이용자에게 제공하는 노력이 요구
된다.

이미 창녕도서관은 2002년 4월 도서관 주간에 『마음을
치유하는 책들 모음』과 2002년 9월 독서의 달에 『마음을
움직이는 책들』이란 제목으로 상황별목록을 발간하였고 이
목록을 별도 비치하여 이용자들의 관심을 유도하고 있다.
그리고 2003년 4월과 9월 울산 남부도서관에서도 2회에
걸쳐 『마음 아픈 이들을 위한 자가치유 도서목록』을 발간

하여 독서치료에 대한 이용자들의 관심을 유도하고 있다.

상황별 목록과 함께 독서치료 관련 자료를 별도 비치하는 것은 독서치료 관련 책들이 다른 책들과 함께 서가상에 배열되어 이용되는 것보다 좀더 이용자의 관심을 끌 수 있을 뿐만 아니라 마음의 상처를 진단하고 치유할 수 있는 책들을 이용자 스스로 쉽게 접근할 수 있도록 하는 효과가 있다. 독서치료 관련 서적을 별도 비치하는 문제는 도서관의 상황이나 서비스하는 대상에 따라서 이용자들의 접근성과 이용도를 고려하여 도서관 서비스 정책 차원에서 결정되어야 하므로 독서치료에 대한 도서관 관리자와 사서진의 인식이 선행되어야 할 것이다.

상황별 목록은 도서관에 오지 않고서도 이용자가 적극 활용할 수 있도록 도서관 홈페이지에 게시할 뿐만 아니라 도서관의 이용자가 가장 접근하기 좋은 여러 장소에 비치해서 개인적으로 어려움에 직면할 때 활용할 수 있는 치료 도구로 삼아야 할 것이다. 그리고 우리나라의 상황에 맞는 자료를 지속적으로 상황별 목록에 보완해나가는 것이 바람직하다.

3. 독서치료 프로그램 개발

도서관은 사서들의 자체 독서치료모임이나 독서치료전
문가과정을 이수한 경험과 자질을 갖춘 사서의 주도 아래
서비스 대상의 성향, 수준, 상황에 맞는 독서치료 프로그램
을 개발하는 것이 필요하다. 프로그램을 운영하기 위해서는
치료 프로그램에 참여하는 사람들에 대한 사전 조사작업과
분석뿐만 아니라 치료대상자가 처한 상황에 적절하게 활용
하고 치유효과를 얻을 수 있는 책에 대한 검토가 함께 고려
되어야 할 것이다. 그리고 치료 프로그램을 운영하면서 겪
은 시행착오와 운영과정에서 도출되는 문제점들을 기록으
로 유지하고 보완하여 치료 프로그램을 지속적으로 유지하
고 발전시키기 위한 매뉴얼로 활용하는 것이 바람직하다.

4. 관련 기관과 연계

도서관이 주체적으로 독서치료 프로그램을 개발하는 외
에 도서관 인근의 상담 관련 기관이나 복지기관, 학교 내
학생들의 개인적 고민, 취업, 진로 등에 대한 상담이 이루

어지는 학생생활연구소와 연계하여 상담치료를 받고 있는
사람들의 치유를 돕기 위한 보조도구로 책을 활용할 수 있
도록 그 상황에 적절한 자료를 제공하는 것이 필요하다. 특
히 공공도서관은 지역 주민들을 대상으로 서비스하는 기관
이므로 지역 내에 지원그룹, 아동보호시설, 복지기관, 심리
상담소 등과 연계하여 그들의 정서적 어려움을 치료하는
수단으로 책이 이용될 수 있도록 협조체제를 갖추는 것이
요망된다.

5. 법적·제도적 기반 확립

아직 독서치료에 대한 인식도 부족하고 전문인력을 양
성하는 제도권 교육환경도 조성되어 있지 못하다. 독서치
료에 대한 인식과 요구가 도서관과 문헌정보학계를 중심으
로 일어나 한국도서관협회 차원에서 독서치료가 도서관의
새로운 서비스 영역임을 인식하고 사서들의 교육, 재교육,
훈련을 위한 법적·제도적 기반을 확보하려는 노력이 필요
하다. 그리고 독서치료가 문헌정보학과의 학부과정에서 정
규 교과목으로 채택되고 대학원의 전공과정으로 개설되어

이론적 기반을 확립해가는 것이 바람직하다.

6. 독서치료 관련 서적의 활발한 간행

독서치료에 대한 일반인의 인식 수준이 낮은 것은 독서치료 관련 이론서와 임상서와 매뉴얼이 적절하게 개발되어 있지 않기 때문이다. 현재 '독서치료'를 다루고 있는 이론서는 학지사에서 발행된 『독서치료』와 범우사에서 발행된 『독서요법』, 최근 북키앙에서 신간으로 나온 『비블리오테라피』가 전부이다. 그 중 황의백이 엮은 『독서요법』은 1996년에 문고판으로 나온 것으로 독서치료에 관한 일반적이고 간단한 정보를 제공해주는 수준에 그치고 있다. 독서치료에 대한 관심이 차츰 증가하고 있는 이 시기에 최근 출간된 『비블리오테라피』는 전문학술서는 아니지만 심리치료도구로 책을 활용한 저자의 경험과 의지가 담겨 있는 책으로 독서치료에 대한 일반인의 인식을 높일 수 있을 것이다.

앞으로 문헌정보학계와 도서관 현장에 독서치료 관련 연구와 모임이 활성화되어 그에 따른 독서치료 관련 이론서와 임상서, 해제도서 등의 간행뿐만 아니라 독서치료에 대한 외국의 텍스트를 충실하게 번역하여 국내에 소개하는 작업이 필요하다. 더불어 독서치료가 도서관의 새로운 서비스 영역으로 자리매김하기 위해서는 학계와 현장의 유기적인 협력이 지속적으로 따라야 할 것이다. 이 과정에서 많은 이론과 임상사례가 축적되어 독서치료의 폭을 넓힐 수 있을 것이다.

7. 독서치료에 대한 홍보

현재 이영식 목사[91]는 개인적 차원에서 독서치료 관련 홈페이지를 운영하면서 우리나라의 독서치료 관련 지식과 정보의 보급에 크게 기여하고 있다. 그는 독서치료에 대한 개인적 관심에서 시작하여 독서치료의 개념, 가치, 원리 등의 이론뿐만 아니라 독서치료 관련 사례와 포괄적인 정보를 충실하게 제공하고 있어 그의 홈페이지는 사이버상의 독서치료 연구실이자 독서치료에 대한 학습과 홍보와 토론의 장이 되고 있다.

---

91) 부산 대연교회의 부목사로 1999년부터 독서치료 홈페이지를 운영하고 있으며 독서지도 및 독서치료 강사로도 활동하고 있다.

그동안 문헌정보학계에서는 도서관의 본령이라 할 수 있는 독서에 대해서는 상대적으로 소홀했던 것이 사실이다. 독서지도나 독서 클리닉도 국문학을 전공한 사람들의 영역으로 주로 인식되어왔고 독서치료에 대해서도 인식과 연구 성과가 미흡했던 것이 사실이다. 부산대학교 문헌정보학과를 중심으로 최근 몇 년 전부터 일기 시작한 독서치료에 대한 연구 분위기를 끌어올려서 그동안 등한시했던 독서치료 분야의 이론을 정립하고 학계와 도서관 현장, 그리고 일반 이용자들에게 알리는 작업이 필요하다.

불특정 다수를 향하여 단기간에 가장 큰 홍보효과를 얻는 방법은 언론매체를 통한 홍보92)일 것이다. 2001년부터 언론매체들이 즐거움을 주는 차원을 넘어 개인과 사회, 국가 경쟁력의 원천이 되는 '책읽기'에 주목하고 책 관련 프

---

92) 부산대학교 문헌정보학과 김정근 교수는 두 차례에 걸쳐 ≪교수신문≫에 '정신 치료를 위한 책읽기'와 '성숙을 위한 책읽기'로 독서의 새로운 영역인 '독서치료'를 소개하고 있다. 그가 말하는 '성숙'을 위한 책읽기는 '초월적이며 연역적인 교양주의와는 일정하게 구분이 되는 영역'으로 다음과 같이 정의내리고 있다. "인간을 귀납적으로 이해하고, 아픈 마음을 어루만지고, 상처를 치유하고, 장애를 뛰어넘게 해주는 책읽기이다. 생산과 산업에 함몰된 인간형을 지양하고 정신복지형을 지향하며, 성취와 성공 지향의 인간형을 극복하고 행복한 인간형에 눈을 돌리는 책읽기이다." 김정근, "책읽기와 정신치료," ≪교수신문≫, 2001년 10월 17일; 김정근, "세계 책의 날(4. 23) 특별기고—제3의 독서 영역," ≪교수신문≫, 2002년 4월 29일.

로그램93)을 만들고 있으며 일반인들의 호응을 얻고 있다. 이들 프로그램에서는 책을 이야기하면서도 책과 밀접한 관련이 있는 도서관과 문헌정보학계가 배제되어 있거나 상대적으로 소홀히 다루어지고 있다. 그만큼 한국사회에서 도서관과 문헌정보학계의 영향력이 크지 않다는 것을 반증하고 있어 아쉽다. 그 어느때보다 책과 도서관에 대한 언론의 관심이 커진 요즈음의 분위기를 살려서 도서관과 문헌정보학계가 주도하여 도서관의 사회적 역할뿐만 아니라 '책의 치유하는 힘'에 대한 일반인들의 인식을 유도하는 작업이 필요하다. 더불어 독서치료 관련 모임이나 학회 등의 홈페이지를 충실하게 운영하고 지속적으로 독서치료 관련 지식과 정보를 보완해가는 노력이 요구된다.

도서관 역시 독서치료에 대해 생소한 이용자들에게 독서치료에 대한 전반적인 지식과 정보를 꾸준하게 홍보하는 작업을 다방면으로 전개하여야 할 것이다. 독서치료에 대

---

93) ① KBS 스페셜 <TV 책을 말하다> 공사창립특집, 제1편, "그들은 책을 읽었다"(2001년 3월 3일). 제2편, "책읽기의 유혹"(2001년 3월 4일). ② <TV 책을 말하다> KBS 1, 선정도서에 대한 패널들의 토론, 신간 소개. ③ <행복한 책읽기> MBC, '화제의 책', '고전문학 산책', '책 VS 책', '책과 나', '신간 소개' 코너 운영. ④ <느낌표> MBC, '책책책 책을 읽읍시다', '2003 특급 프로젝트 기적의 도서관' 코너 운영.

한 기본적인 이론뿐만 아니라 이용자들이 자신의 문제의
근원과 해결책을 얻을 수 있는 상황별 목록에 대한 소개작
업이 오프라인과 온라인상에서 함께 이루어져야 할 것이다.
즉 도서관 게시판이나 로비, 이용자들의 접근이 가장 쉬운
장소, 인터넷, 각종 언론매체에 도서관 서비스의 새로운 영
역인 독서치료에 대한 전반적인 내용을 설득력 있게 소개
하는 작업이 필요하다. 특히 상황별 목록에 대한 지속적인
보완과 홍보[94]가 뒤따라야 한다.

---

94) 울산 남부도서관의 경우 『마음 아픈 이들을 위한 자가치유 도서목
록』을 도서관 홈페이지(http://www.usnl.or.kr/design04/user/index.php?
main=lib_event/si_edu_list_new.php)에 올려서 이용자들의 관심을 유
도하고 있다. 그리고 독서치료 관련 목록을 만들고 별도 코너를 만들
어 이용자에게 서비스하는 이 도서관의 서비스는 지역신문인 ≪경상
일보≫, ≪울산매일≫, ≪한울일보≫에 소개되었다. "'아픈 마음 책으
로 달래 보자'-남부도서관 도서관주간 기념 '심리치료 도서목록' 코
너 마련," ≪경상일보≫, 2003년 4월 16일; "독서치료 서적 인기-남
부도서관, 도서목록 배부," ≪울산매일≫, 2003년 4월 16일; "'독서
로 마음 다스린다'-남부도서관 선정 독서치료 도서 호응," ≪한울일
보≫, 2003년 4월 16일.

6
정리 및 제언

나는 독서치료를 접하기 전까지는 책은 정신을 고양시키고 여가시간을 즐겁게 해주고 교양을 넓혀주는 매개체 정도로만 인식했었다.

그러다가 2001년 대학원 수업에서 '독서치료'를 만났다. 나에게 그것은 특이한 경험이었다. 한 학기 동안 공부해야 할 교수계획표에는 마음의 상처를 진단하고 치유할 엄선한 도서들이 빼곡이 들어차 있었고, 우리는 교수님의 지도 아래 숨가쁘게 보조를 맞추어나갔다. 매주 한 권의 책을 읽고 자신의 느낌을 공유하는 그룹독서치료시간에 참여하게 된 것이었다. 직장을 다니면서 한 주에 한 권 정도의 책을 읽어야 한다는 사실이 다소 부담스러웠지만 읽고 난 뒤에 나의 내면에 변화가 일어나는 것을 감지할 수 있었다. 뿐만 아니라 다른 학생들의 경험담이나 느낌을 들으면서 아픔을 나누고 공감하는 참여자간의 상호 작용의 시간을 경험할 수 있었다.

그때 접했던 도서에는 무심코 던진 부모의 말에 상처를 받고 자신감과 용기를 잃어버리는 아이들, 신체적 폭력을 당하는 아이들, 성적제일주의의 학교생활에서 적응하지 못하고 혼자서 방황하는 아이들, 집단 따돌림을 당하는 아이들, 어린 시절 부모에게서 사랑을 받지 못하여 건강한 자기 정체성을 갖지 못하고 심한 우울증과 열등감을 갖고 적응 장애를 앓고 있는 대학생, 가부장적 사회에서 차별받고 존중받지 못하는 여성들의 이야기가 있었다. 그들의 이야기가 영화나 소설 속에 나오는 비현실적인 이야기로서가 아니라 내 주변의 누군가가 겪고 있는 현실적인 아픔으로 인식되었다. 그리고 그들의 아픔을 치유할 수 있는 임상성이 강한 『아직도 가야 할 길』과 『거짓의 사람들』을 접하면서 나의 마음 속에 웅크리고 있던 자아를 당당하게 세상에 드러낼 수 있었고 감정이 정화되는 것을 느낄 수 있었다. 바로 나 자신이 동일화, 카타르시스의 과정을 거쳐서 통찰에 이르게 되는 독서치료의 경험을 갖게 된 것이다.

책을 가까이 두면서 책에서 얻는 소득이 '감동'이라는 단어 정도의 무게로만 인식하던 나에게 책의 치유력에 대한 인식과 경험은 조용한 파문이자 큰 수확이었다.

그런 인식을 바탕으로 하여 주변을 돌아보니 일상에서 만나는 많은 사람들이 내면의 갈등이나 아픔을 가지고 있으면서도 그것을 적절히 해소하거나 치유하지 않은 채 덮어두고 모른 척 살아가고 있었다. 여전히 TV나 신문에서는 갖가지 범죄와 폭력, 살인 소식을 전하고 있었다. 우리 사회는 나날이 건강성을 잃어가고 있으며 사회의 가장 작은 단위인 가정도 예외가 아님을 다시 확인할 수 있었다.

방과 후 학원을 전전하면서 '공부'라는 압박감에 시달리는 아이들, 성적으로 신체적으로 언어폭력으로 학대받는 아이들, 학교폭력과 집단 따돌림을 당하는 아이들, 부모의 이혼으로 정서적으로 많은 결핍과 혼란을 겪는 아이들, 성적제일주의를 지향하는 획일적인 학교 교육에 적응하지 못하고 방황하는 학생들, 카드 빚을 갚지 못해 자살하는 사람들, 대학교수 부모의 과잉기대와 자신이 인정받지 못한 데 대한 불만으로 존속살인을 하는 청년, 우울증을 견디지 못해 자식과 함께 아파트에서 투신자살하는 주부들, IMF 관리체제를 겪으면서 사회생활에서 낙오되어 실의와 무기력

감에 빠져 있는 중년의 남성들, 경제적 이유로 가족과 떨어
져 지내는 노숙자들, 그리고 자식에게 버림받고 혼자 기거
하는 노인들이 마음의 상처와 정서적 장애로 고통받으면서
살아가고 있는 것이 오늘날 한국의 현주소이다.

  첨단문명의 이기를 누리고 살면서도 정신건강에 있어서
는 후진성을 면치 못하는 우리나라의 현 상황을 이해하려면
과거로 거슬러 올라갈 필요가 있다. 일제 침략기의 억압된
삶이 있었고 해방 후 전쟁과 빈곤의 고통을 벗어나기 위하여
생존의 문제만을 중시하여 고도의 경제성장을 이룩한 우리
사회는 '정신적 건강'을 돌볼 겨를이 없었다. 당연히 제대로
보살핌을 받아야 할 아이들을 방치한 채 아버지들은 생활전
선에서 일을 했고 삶의 고달픔과 스트레스를 술로 풀었다.
술에 관용적인 우리 사회에서 이러한 술문화는 자연적으로
알코올 남용이나 알코올 중독으로 이어지게 되었다. 가부장
적인 한국사회의 가정에서 아버지는 집안의 분위기를 좌지
우지하면서 강압과 폭력, 또는 무관심으로 자식들을 다루었
으며 수동적이고 약한 어머니는 자식에게 모든 기대를 걸고
고통을 감내하였다. 한편으로 아버지는 성장 과정에서 남자
의 권위를 잃지 않기 위하여 자신의 감정을 표현하는 것이
금기시되었으며 이로 인해 아버지는 가족과 희로애락을 함

께 나누지 못하고 소외되기도 하였다. 이것이 해방 후 우리 나라 보통 가정의 모습이라고 할 수 있다.

가정으로서 제대로의 역할을 수행하지 못하는 역기능가 정에서 아이들은 상처받은 과거의 아픔과 극복되지 못한 내재과거아를 억누른 채 신체적으로만 성장한 성인아이로 자라게 된다. 역기능가정은 새로운 역기능가정을 낳게 되 고 그 안에서 수많은 성인아이를 양산하게 된다. 완벽하게 가정의 기능을 수행하는 가정은 없으므로 대부분의 사람들 은 정도의 차이가 있을 뿐 성인아이적 요소를 가지고 있다.

그리고 많은 사람들이 마음의 상처로 고통받고 갈등을 겪고 있으며 자신이 조절할 수 없을 정도로 그 혼란과 고 통이 클 때 돌이킬 수 없는 파괴적인 행위로 치닫게 된다. 무엇으로 과거 어린 시절의 극복되지 못한 감정을 해소하 고 마음의 상처를 치유할 수 있을까 하는 의문은 독서치료 에 임한 경험을 살려 자연스럽게 '독서치료'로 가닥을 잡을 수 있었다.

나는 우리 사회의 정신건강의 심각성과 정신건강의 중 요성을 인식시키고 성인아이의 정서적 장애와 마음의 상처 를 치유하기 위한 수단인 독서치료에 대한 연구를 통해서 성인아이 문제를 일반인에게 환기시키고 도서관의 새로운

서비스 영역으로 독서치료를 제안하고 독서치료가 활성화
되어야 한다는 견지에서 이 글을 썼다.

　이 책에서 우리들에게 친숙한 개념은 아니지만 일상 속
에서 만나게 되는 우리 자신의 모습이기도 한 성인아이에
대해서 소개하였다. 성인아이의 사례로, 부모와의 관계에서
생긴 마음의 상처와 억압된 기억을 극복하지 못하고 친부
모를 살해한 대학생 이은석, 분노와 폭력을 행사했던 성인
아이였으나 독서치료로 치유된 최현주 목사, 강압적인 아
버지의 그늘에서 평생 헤어나지 못했던 작가 프란츠 카프
카를 소개하였다. 연구 과정에서 대부분의 가정이 신체적
학대가 없더라도 정서적 긴장이나 언어적 학대 등의 역기
능적 요소를 가지고 있음을 알 수 있었다. 그러므로 많은
사람들이 정도의 차이가 있을 뿐 역기능적 가정에서 성장
한 성인아이이며 독서치료로 이러한 성인아이 문제를 치유
할 수 있음을 확인할 수 있었다.

　독서치료로 성인아이 문제를 해결하기 위하여 독서치료
의 정의, 역사, 목적과 가치, 원리를 살펴보았으며 독서를
통하여 우리 속에 내재되어 있는 내재과거아를 진단하고
치유받을 수 있는 목록을 소개하고 간략한 해제를 덧붙였
다. 마지막으로 독서치료를 적용하는 방법과 도서관의 독서

치료 프로그램에 대하여 살펴보고 독서치료를 활성화할 수 있는 방안을 제시하였다. 독서치료를 활성화할 수 있는 방안으로는 첫째, 사서들의 자체 독서치료모임 운영, 둘째, 도서관의 상황별 목록 개발과 별도 코너 마련, 셋째, 독서치료 프로그램 개발, 넷째, 관련 기관과 연계, 다섯째, 법적·제도적 기반 확립, 여섯째, 독서치료 관련 서적의 활발한 간행, 일곱째, 독서치료에 대한 홍보를 제안하였다.

결론적으로 성인아이 문제를 진단하고 치유하는 데 있어 독서치료는 효과가 있으며 도서관은 상황에 맞는 적절한 도서를 개발하여 이용자에게 제공하는 것이 바람직하다. 독서치료는 일회적인 이벤트성 행사로서가 아니라 도서관의 새로운 서비스 영역으로 개발될 필요가 있다.

우리나라의 독서치료의 역사는 아주 짧으며 책을 관리하는 사서들에게조차 독서치료에 대한 인식이 미흡한 상태이다. 하지만 민간차원의 그룹독서치료가 신성회를 중심으로 성과를 거두고 있고, 이영식 목사의 홈페이지가 독서치료 분야에 대한 일반적인 지식과 정보를 제공하고 있다. 부산대학교의 책·정·연을 중심으로 하는 그룹독서모임이 있고, 창녕도서관과 울산 남부도서관에서 독서치료를 위한 목록이 발간되고, 여러 대학교의 평생교육원이나 사회교육원에 독서치료사를 양성하는 과정이 개설되는 등 독서치료에 대한 관심이 고조되고 있는 것은 매우 고무적인 현상이다.

그리고 학계의 움직임도 활발해졌다. 2002년 7월에는 어린이문학교육 연구자들로 구성된 독서치료연구회 주관으로 이 분야에서 '독서치료의 가능성 탐색'이라는 주제로 학술 세미나가 있었으며 2002년 8월에는 문헌정보학 연구자들과 도서관 현장의 사서들을 중심으로 독서요법연구회(가칭)의 발족을 위한 준비 모임이 있었다.95) 최근 2003년 3월 15일 독서치료에 대한 학제간 협력을 좀더 효율적으로 하고, 체계적이며 깊이 있는 연구와 국제교류를 활발하게 하기 위한 첫걸음으로 독서치료학회96)가 창립된 것은 독서치료에 대한 학계의 좀더 심층적인 접근이라고 할 수 있다.

독서치료에 대한 학문적 접근이 교육학이나 심리학 분야에서 시도되어오는 동안 책을 서비스 도구로 삼고 있는

---

95) 김정근, 앞의 글, 2001.
96) 독서치료학회장은 성균관대 아동학과 김현희 교수이며 학회의 정회원 자격은 관련 분야(교육학, 문헌정보학, 심리학, 아동학, 사회복지학, 유아교육학 등) 석사 학위 이상의 학력 소유자로서 독서치료에 관심이 있는 자, 준회원으로 3년간 학회활동에 참여한 자, 이사회의 승인을 받은 자로 정하고 있다. 준회원 자격으로는 학사학위 이상의 학력 소유자(석사과정 학생 포함)로서 독서치료에 관심이 있는 자, 대학부설기관에서 단기과정으로 독서치료 분야의 과정을 이수한 자, 이사회의 승인을 받은 자로 정하고 있다.

문헌정보학계나 도서관 현장에서 독서치료에 대한 논의와 연구가 활발하지 못했던 것이 사실이다. 최근 몇 년 전부터 마음과 정신적 건강을 다루는 책의 출판이 활발해지고 책에 대한 언론의 관심이 커진 요즈음의 사회적 분위기를 독서치료로 연결시키는 것이 필요하다. 지식과 정보를 습득하기 위한 독서의 차원에서 진일보하여 독서의 치유력에 대한 일반인들의 관심을 유도하고 책의 치유력을 기반으로 하는 도서관 서비스를 개발하여야 할 때이다.

이 글은 문헌연구를 통하여 독서치료의 필요성과 중요성을 역설하고 독서치료의 활성화 방안을 제시하는 수준에서 그친다. 그러나 후속 연구에서는 도서관에서 독서치료 프로그램을 개발하고 적용하여 그 임상적인 결과를 대상으로 독서치료에 대한 심층적인 연구가 진행되기를 바라며, 나아가 도서관 현장과 문헌정보학계의 노력이 서로 상승작용을 일으켜 우리나라 도서관에 독서치료 서비스가 꽃피기를 희망한다.

■ 참고문헌

[단행본]

강경호. 2002, 『역기능가정의 성인아이와 상담』, 한사랑가족상
　　　담연구소.

고병인. 2003, 『중독자 가정의 가족치료: 역기능가정 성인아이
　　　치유의 기독교적 접근』, 학지사.

고영규. 2003, 『학교야 일어나라』, 자유지성사.

구로야나기 테츠코. 2000, 『창가의 토토』(김난주 옮김), 프로메
　　　테우스 출판사.

권기경·한정·김경민. 2003, 『어른들은 몰라요』, 휴머니스트.

김만홍. 2001, 『성인아이 치유이야기』, 가족사랑.

김상준. 1999, 『신화로 영화 읽기 영화로 인간 읽기』, 세종서적.

김영진. 2001, 『한국의 아들과 아버지』, 황금가지.

김유숙. 1999, 『가족치료: 이론과 실제』, 학지사.

김정일. 2002, 『이런 부모가 자식을 정신병자로 만든다』, 박영
　　　률출판사.

김형경. 2001, 『사랑을 선택하는 특별한 기준』 1-2권, 문이당.

김혜남. 2003, 『왜 나만 우울한 걸까?』, 중앙 M&B.

＿＿＿. 2002, 『나는 정말 너를 사랑하는 걸까?』, 중앙 M&B.

김혜련. 1999, 『학교 종이 땡땡땡』, 미래 M&B.

나사니엘 브랜든. 1994, 『나를 존중하는 삶－삶의 활력: 자기
　　　존중감』(강승규 옮김), 학지사.

노만 라이트. 2001, 『당신의 과거와 화해하라』(송헌복·백인숙
　　　옮김), 조이선교회.

대한신경정신의학회 엮음. 1998, 『신경정신과학』, 하나의학사.

데이빗 A. 시맨즈 1999, 『상한 감정과 억압된 기억의 치유』

(송헌복·송복진 옮김), 조이선교회출판부.

_____. 1988, 『상한 감정의 치유』(송헌복 옮김), 두란노서원.

리처드 칼슨. 2001, 『우리는 사소한 것에 목숨을 건다』 1(정영
      문 옮김), 창작시대.

마리나 피카소. 2002, 『나의 할아버지 피카소』(백선희 옮김),
      효형출판.

마이클 톰슨. 2003, 『아이들의 숨겨진 삶』(김경숙 옮김), 세종
      서적.

맥사인 슈널. 2003, 『만족』(김한영 옮김), 명진출판.

문학교육연구회. 1999, 『학교야 학교야 뭐하니』, 내일을 여는 책.

미국정신의학회 엮음. 1995, 『정신장애의 진단 및 통계 편람.
      4판』(이근후 외 옮김), 하나의학사.

미치 앨봄. 2002, 『모리와 함께 한 화요일』(공경희 옮김),
      세종서적.

박두병 외. 1997, 『DSM-IV 기준: 정신장애 증례집』, 하나의학사.

박승숙. 2001, 『마음이 아플 때 만나는 미술치료』, 들녘.

버지니아 사티어. 1991, 『사람만들기』(송준 옮김), 홍익재.

베르벨 바르데츠키. 2002, 『따귀 맞은 영혼: 마음의 상처에서
      벗어나는 방법』(장현숙 옮김), 궁리.

변상규. 2002, 『어린시절 가정에서 입은 마음의 상처, 이렇게
      치유하라!』, 아침영성지도연구원.

사라 샌들러. 2003, 『우리들의 오필리아: 자아를 모색하는
      사춘기 소녀들의 이야기』(김은영 옮김), 루비박스.

사이토 사토루. 2002, 『아버지가 변해야 가족이 행복하다』
      (이규은 옮김), 종문화사.

수 제닝스. 2002, 『연극치료』(한명희 옮김), 학지사.

수잔 포워드. 1990, 『이런 사람이 무자격부모다』(이동진 옮김),
      삼신각.

신현복. 1999, 『내 마음의 그림자』, 아침.

아치볼드 하트. 2000, 『우울증 이렇게 치유할 수 있다』(정동섭 옮김), 요단출판사.

알리스 슈바르처. 2001, 『아주 작은 차이』(김재희 옮김), 이프

우계숙. 2001, 『13월의 아이들』 1-2권, 개미.

원호택·권석만. 2000, 『이상심리학 총론』, 학지사.

윌리엄 스타이런. 2002, 『보이는 어둠: 우울증에 대한 회고』(임옥회 옮김), 문학동네.

이나미. 1993, 『때론 나도 미치고 싶다』, 문학사상사.

이선애. 1997, 『잃어버린 나를 찾아서』, 조이선교회출판부.

이영애. 2000, 『책읽기를 통한 치유』, 홍성사.

이호철. 2001, 『학대 받는 아이들』, 보리.

이훈구. 2001, 『미안하다고 말하기가 그렇게 어려웠나요』, 이야기.

이희경. 2000, 『마음 속의 그림책』, 미래 M&B.

자넷 로우. 2002, 『신화가 된 여자: 오프라 윈프리』(신리나 옮김), 청년정신.

전인권. 2003, 『남자의 탄생: 한 아이의 유년기를 통해 보는 한국 남자의 정체성 형성과정』, 푸른숲.

정동섭. 2000, 『어떻게 사람을 변화시킬 수 있는가?』, 요단출판사.

_____. 1994, 『당신의 가정도 치유될 수 있다』, 하나.

_____. 1994, 『어느 상담심리학자의 고백』, 한국기독학생회출판부.

정영조. 2001, 『음악치료』, 하나의학사.

정태기. 2002, 『숨겨진 상처의 치유』, 규장문화사.

_____. 2000, 『내면세계의 치유』, 규장문화사.

조셉 골든. 2003, 『비블리오테라피: 독서치료, 책 속에서 만나는 마음치유법』(이종인 옮김), 북키앙.

조정문·장상희. 2001, 『가족사회학』, 아카넷.

존 그레이. 2002, 『화성에서 온 남자 금성에서 온 여자』(김경
　　숙 옮김), 친구.

주디트 루빈. 2001, 『이구동성 미술치료』(주리애 옮김), 학지사.

주서택. 2001, 『결혼 전에 치유 받아야 할 마음의 상처와
　　아픔들』, 순출판사.

주서택·김선화. 2002, 『엄마 가지마!』, 순출판사.

_____. 1997, 『내 마음 속에 울고 있는 내가 있어요』,
　　순출판사.

찰스 L. 휘트필드. 2000, 『잃어버린 자아의 발견과 치유: 역기
　　능가정에서 자란 성인아이의 발견과 치유를 위한 안내
　　서』(김용교·이인출 옮김), 글샘.

찰스 셀. 2002, 『아직도 아물지 않은 마음의 상처』(정동섭·
　　최민희 옮김), 두란노.

책읽기를 통한 정신치료 연구실. 2003, 『마음 아픈 이들을
　　위한 자가치유서 안내』, 부산대학교 문헌정보학과.

_____. 2002, 『책은 치유하는 힘이 있는가』, 부산대학교
　　문헌정보학과.

최현주. 1996, 『위장된 평화의 치유』, 규장문화사.

_____. 1995, 『위장된 분노의 치유』, 규장문화사.

최훈동. 2001, 『마음의 문을 열어주는: 정신의학 이야기』, 한울.

클로드 티에보 1998, 『카프카: 변신의 고통』(김택 옮김), 시공사.

테드 앨렌 & 시드니 고든. 2001, 『닥터 노먼 베쑨』(천희상
　　옮김), 실천문학사.

토리 L. 헤이든. 1982, 『한 아이』(주정일·김승희 옮김), 샘터사.

틱낫한. 2002, 『화: 화가 풀리면 인생도 풀린다』(최수민 옮김),
　　명진출판.

팀 슬레지. 1999, 『가족치유·마음치유: 역기능가정에서 자라난
　　성인아이를 위한 치유 안내서』(정동섭 옮김), 요단출판사.

포리스트 카터. 1998, 『내 영혼이 따뜻했던 날들』(조경숙 옮

김), 아름드리미디어.

폴 투르니에. 2002, 『인간치유』(권달천 옮김), 생명의 말씀사.

_____. 2000, 『강자와 약자』(정동섭 옮김), IVP.

폴 호크. 2001, 『왜 남과 자신을 비교하는가』(박경애·김희수 옮김), 사람과 사람.

하제. 2003, 『책아, 우리 아이 마음을 열어줘』, 청어람미디어.

한국어린이문학교육학회 독서치료 연구회. 2001, 『독서치료』, 학지사.

한국여성의전화. 1993, 『그는 때리지 않았다고 한다』, 그린비.

헨리 나우웬. 2001, 『상처입은 치유자』(최원준 옮김), 두란노.

헨리 데이비드 소로우. 2001, 『월든』(강승영 옮김), 이레.

헨리 클라우드 & 존 타운센드. 1999, 『울타리』(신현복 옮김), 아침.

황의백. 1996, 『독서요법』, 범우사.

A. J. 크로닌. 2002, 『천국의 열쇠』 상·하권(유희명 옮김), 청목사.

Friends in Recovery. 1997, 『성인아이 치유를 위한 12단계』 (노용찬·유재덕 옮김), 글샘.

M. 스콧 펙. 2001, 『아직도 가야할 길』(신승철·이종만 옮김), 열음사.

_____. 1999, 『거짓의 사람들』(윤종석 옮김), 두란노.

_____. 1995, 『길을 떠난 영혼은 한 곳에 머물지 않는다』(임기영 옮김), 고려원미디어.

Robert Sherman & Norman Fredman. 1998, 『부부·가족치료 기법』(김영애 편역), 하나의학사.

W. 휴 미실다인. 2001, 『원만한 정서생활을 가로막는 몸에 밴 어린 시절』(이종범·이석규 옮김), 가톨릭출판사.

Beth Doll & Carol Doll. 1997, *Bibliotherapy with young people: librarians and mental health professionals working together*,

참고문헌

Libraries Unlimited.

Charles L. Whitfield. 1987, *Healing the child within: discovery and recovery for adult children of dysfunctional families*, Health Communications.

Corinne W. Riggs. 1971, *Bibliotherapy: an annotated bibliography*. International Reading Association.

Eileen H. Jones. 2001, *Bibliotherapy for bereaved children: healing reading*. J. Kingsley Pub.

Eleanor Frances Brown. 1975, *Bibliotherapy and its widening applications*. Scarecrow Press.

Jacqueline Stanley. 2002, *Reading to heal: how to use bibliotherapy to improve your life*. Vega.

Jan Grubb Philpot. 1997, *Bibliotherapy for Classroom Use*. Incentive Pub.

Janet Geringer Woititz. 1983, *Adult children of Alcoholics*, Health Communications.

Janice Maidman Joshua. 2000, *Read two books and let's talk next week: using bibliotherapy in clinical practice*. Wiley.

John Friel & Linda Friel. 1988, *Adult children: the secrets of dysfunctional families*, Health communications.

_____ . 1990, *An adult child's guide to what's 'normal'*, Health Communications.

John T. Pardeck & Jean A. Pardeck. 1993, *Bibliotherapy: a clinical approach for helping children*. Gordon and Breach Science Publishers.

John T. Pardeck. 1993, *Using bibliotherapy in clinical practice: a guide to self-help books*. Greenwood Press.

_____ . 1998, *Children in foster care and adoption: a guide to bibliotherapy*. Greenwood Press.

_____ . 1998, *Using books in clinical social work practice: a guide to bibliotherapy*. Haworth Press.

Louie Anderson. 1991, *Dear dad: letters from an adult child*. Penguin Books.

Margaret Paul. 1990, *Inner bonding: becoming a loving adult to your inner child*. HarperSanFrancisco.

Marilyn Coleman. 1988, *Bibliotherapy with stepchildren*. C.C. Thomas.

Nancy K. Peske. 2001, *Bibliotherapy: the girl's guide to books for every phase of our lives*. Dell Pub.

Philip Oliver-Diaz & Patricia A. O'Gorman. 1988, *12steps to self-parenting for adult children,* Health Communications.

Rhea Joyce Rubin. 1978, *Using bibliotherapy: a guide to theory and practice*. Oryx Press.

W. Hugh Missildine. 1963, *Your inner child of the past*. Pocket Books.

_____ . 1974, *Your inner conflicts-how to solve them*. Simon and Schuster.

[학위논문]
김진영. 1997, 「역기능가정 성인아이의 우울수준과 자아존중감 수준에 대한 연구」, 석사학위논문, 연세대학교 교육대학원.

송영임. 2003, 「정신보건을 위한 공공도서관 역할 연구: 독서치료의 적용과 관련하여」, 석사학위논문, 부산대학교 대학원.

유혜숙. 1998, 「노인의 우울증 해소를 위한 독서요법 연구」, 박사학위논문, 중앙대학교 대학원.

윤달원. 1990, 「비행청소년의 자아개념 육성을 위한 독서요법의 효과」, 박사학위논문, 성신여자대학교 대학원.

이희정. 2001, 「독서요법이 대학생의 자아정체감 정립에 미치는 효과 연구」, 석사학위논문, 충남대학교 대학원.

임은정. 2002, 「독서요법 프로그램과 분노조절훈련 프로그램이 아동의 공격성 감소에 미치는 효과」, 석사학위논문. 전남대학교 대학원.

장귀녀. 1985, 「도서관 봉사로서의 독서요법 적용가능성에 관한 연구」, 석사학위논문, 이화여자대학교 대학원.

최선희. 1997, 「아동의 사회적 자아개념과 인간관계 증진을 위한 독서요법의 효과」, 석사학위논문, 경북대학교 교육대학원.

최정미. 2002, 「독서요법을 통한 시설아동의 심리와 행동의 변화에 관한 연구: 아동복지시설 S원 3, 4학년생 5명을 대상으로」, 석사학위논문, 부산대학교 대학원.

[학술논문]

김정근·송영임. 2002, 「공공도서관은 독서치료의 장이 될 수 있는가」, ≪독서문화연구≫(대진대학교) 제2호, 51-80쪽.

_____ . 2003, 「공공도서관의 독서치료 프로그램, 어떻게 운영할 것인가」, ≪도서관≫ 제58권 1호(봄), 59-82쪽.

_____ . 2003, 「지역사회 정신보건 문제와 독서치료」, ≪한국도서관·정보학회지≫ 제34권 1호, 19-41쪽.

박현선·이상균. 2001, 「알코올 중독자 가정 청소년 자녀의 성인아이성향과 심리사회적 문제」, ≪한국사회복지학≫ 통권 제46호(가을호), 118-144쪽.

변우열. 1997, 「비행청소년 인성치료를 위한 독서요법」, ≪도서관학논집≫ 제26집(여름), 131-168쪽.

유혜숙. 1999, 「노인의 우울증 해소를 위한 독서요법 연구」, ≪한국문헌정보학회지≫ 제33권 1호, 5-22쪽.

이희정·박옥화. 2001, 「독서요법이 대학생의 자아정체감 정립
　　　에 미치는 효과」, 《한국도서관·정보학회지》 제32권
　　　제3호, 331-351쪽.
한윤옥. 2003, 「독서치료를 위한 상황별 독서목록의 기초적
　　　요건에 관한 연구: 상황설정 및 분류체계와 관련하여」,
　　　《한국문헌정보학회지》 제37권 제1호, 5-25쪽.

[신문자료]
"국민 3명 중 1명 정신질환 경험," 《조선일보》, 2002년 2월
　　　1일.
"대구 지하철 방화로 150여 명 사상(死傷)," 《조선일보》,
　　　2003년 2월 18일.
"'독서로 마음 다스린다' - 남부도서관 선정 독서치료 도서
　　　호응," 《한울일보》, 2003년 4월 16일.
"독서치료 서적 인기 - 남부도서관, 도서목록 배부," 《울산
　　　매일》, 2003년 4월 16일.
"범인, 신병비관…… '죽고싶다' 입버릇," 《조선일보》, 2003년
　　　2월 18일.
"세계 책의 날(4월 23일) 특별기고 - 제3의 독서 영역," 《교수
　　　신문》, 2002년 4월 29일.
"'아픈 마음 책으로 달래 보자' - 남부도서관 도서관주간 기념
　　　'심리치료　도서목록'　코너　마련," 《경상일보》,
　　　2003년 4월 16일.
"책읽기와 정신치료," 《교수신문》, 2001년 10월 17일.

[비디오 테이프]
<굿 윌 헌팅>
<길모퉁이>
<돌로레스 클레이본>

<명문대생, 그는 왜 부모를 살해했나>

[인터넷 자료]

Adult Children of Alcoholics Word Service Organization
(http://www.adultchildren.org).
가족사랑음악치료클리닉(http://www.music4family.org).
대한음악치료학회(http://www.kamt.com).
부산미술치료연구소(http://www.simli75.com).
아침영성연구원(http://www.achimhope.or.kr/).
이영식 목사의 독서치료 홈페이지(http://www.bibliotherapy.pe.kr).
한국MBTI연구소(http://www.mbti.co.kr).
한국무용치료학회(http://www.kdmta.com/).
한국미술치료학회(http://www.korean-arttherapy.or.kr/).
한국예술치료학회(http://artstherapy.or.kr).
한국표현예술심리치료협회(http://www.keapa.or.kr).
한명희의 연극치료홈페이지(http://www.dramatherapy.co.kr/).

■ 지은이 소개

김경숙(ksokim@pusan.ac.kr)

부산대학교 문헌정보학과 졸업(정사서)

부산대학교 교육대학원(사서교육전공) 졸업(석사)

부산대학교 도서관 사서

'책읽기를 통한 정신치료 연구실' 회원

■ 기획·감수자 소개

김정근(jgunkim@yahoo.co.kr)

부산대학교 문헌정보학과 교수

'책읽기를 통한 정신치료 연구실' 지도교수

주요 논문

　　「지역사회 정신보건 문제와 독서치료」,

　　「공공도서관은 독서치료의 장이 될 수 있는가」,

　　「공공도서관의 독서치료프로그램, 어떻게 운영할 것인가」

한울 아카데미 **632**

독서치료연구시리즈 4

성인아이 문제와 독서치료

ⓒ 김정근 외, 2004

지은이 | 김경숙
기획·감수 | 김정근
펴낸이 | 김종수
펴낸곳 | 도서출판 한울

초판 1쇄 인쇄 | 2004년 3월 3일
초판 2쇄 발행 | 2009년 8월 30일

주소 | 413-832 파주시 교하읍 문발리 507-2(본사)
    121-801 서울시 마포구 공덕동 105-90
    서울빌딩 3층(서울 사무소)
전화 | 영업 02-326-0095, 편집 02-336-6183
팩스 | 02-333-7543
홈페이지 | www.hanulbooks.co.kr
등록 | 1980년 3월 13일, 제406-2003-051호

Printed in Korea.
ISBN 978-89-460-4107-3 93020
ISBN 978-89-460-4103-5 (세트)

* 가격은 겉표지에 표시되어 있습니다.